Directrices Internacionales sobre IVA

OCDE

MEJORES POLÍTICAS
PARA UNA VIDA MEJOR

El presente trabajo se publica bajo la responsabilidad del Secretario General de la OCDE. Las opiniones expresadas y los argumentos utilizados en el mismo no reflejan necesariamente el punto de vista oficial de los países miembros de la OCDE.

Tanto este documento, así como cualquier dato y cualquier mapa que se incluya en él, se entenderán sin perjuicio respecto al estatus o la soberanía de cualquier territorio, a la delimitación de fronteras y límites internacionales, ni al nombre de cualquier territorio, ciudad o área.

Los datos estadísticos para Israel son suministrados por y bajo la responsabilidad de las autoridades israelíes competentes. El uso de estos datos por la OCDE es sin perjuicio del estatuto de los Altos del Golán, Jerusalén Este y los asentamientos israelíes en Cisjordania bajo los términos del derecho internacional.

Por favor, cite esta publicación de la siguiente manera:
OECD (2021), *Directrices Internacionales sobre IVA*, OECD Publishing, Paris, *https://doi.org/10.1787/9a6341e2-es*.

ISBN 978-92-64-46534-3 (impresa)
ISBN 978-92-64-39532-9 (pdf)

Prólogo

Las Directrices Internacionales sobre IVA[1] («las Directrices») presentan criterios y principios aceptados internacionalmente para el tratamiento del impuesto sobre el valor agregado (IVA) en los tipos de transacciones internacionales más habituales, con especial foco en el comercio de servicios e intangibles. Las Directrices pretenden reducir al mínimo las incoherencias en la aplicación de dicho impuesto en un contexto transfronterizo, en aras de reducir la incerteza y los riesgos tanto de doble imposición como de no imposición involuntaria en el comercio internacional. También incluyen principios y mecanismos recomendados para hacer frente a los desafíos en materia de recaudación del IVA aplicable a las ventas transfronterizas de productos digitales que han sido identificados en el contexto del Proyecto OCDE/G20 de Erosión de la Base Imponible y Traslado de Beneficios (el Proyecto BEPS)[2]. El IVA es una de las principales fuentes de ingresos para los estados a nivel mundial. En la fecha de conclusión de las presentes Directrices, 165 países hacían uso de dicho impuesto, una cifra que duplica la registrada 25 años antes. La expansión mundial del IVA coincidió con un rápido crecimiento del comercio internacional de bienes y servicios en una economía cada vez más globalizada. En la actualidad, la mayor parte del comercio internacional se encuentra sujeto a IVA y la interacción entre los regímenes nacionales de aplicación de dicho gravamen puede facilitar o distorsionar considerablemente este tipo de operaciones comerciales. La ausencia de un marco aceptado internacionalmente para aplicar el IVA a las operaciones de comercio transfronterizo ha acrecentado los riesgos de subimposición y pérdida de ingresos para los estados, así como de distorsión del comercio debido a una doble imposición. Estos problemas afectan en particular al comercio internacional de servicios e intangibles, que se ha incrementado de manera especialmente notable con la expansión de la economía digital.

En dicho contexto, en el año 2006 el Comité de Asuntos Fiscales (CAF) de la OCDE puso en marcha el proyecto para la elaboración de las Directrices Internacionales sobre IVA, al reconocer que sería beneficioso para las jurisdicciones disponer de una norma aceptada internacionalmente que velase por una interacción consistente entre los sistemas de IVA, de tal manera que facilitasen el comercio internacional en lugar de distorsionarlo. El objetivo de estas Directrices era fijar un estándar que los países pudiesen seguir al diseñar y aplicar sus normas internas.

Las Directrices Internacionales sobre IVA son fruto de un diálogo internacional entre los países Miembros de la OCDE y sus socios, así como con otros actores relevantes tales como la comunidad académica e instituciones privadas. En el año 2012, teniendo presente la creciente necesidad de continuar fortaleciendo la participación de las economías socias en el desarrollo de las Directrices, el Comité de Asuntos Fiscales creó el Foro Global sobre IVA como un espacio de diálogo estructurado sobre políticas en materia de IVA con los países socios y otros actores relevantes. Las reuniones de este Foro Global brindaron a países de todo el mundo, en especial a economías en desarrollo, la oportunidad de contribuir activamente en la elaboración de las Directrices. En su primera reunión, celebrada los días 7 y 8 de noviembre de 2012, este Foro Global acordó que las Directrices debían sentar las bases del tan necesario estándar internacional de aplicación del IVA al comercio internacional de servicios e intangibles, y que el objetivo principal de dicho Foro Global sería alcanzar un consenso internacional lo más amplio posible sobre dichas Directrices, con miras a conseguir su adopción como estándar internacional.

Las Directrices se concluyeron en 2015. En noviembre de 2015, en la tercera reunión del Foro Global sobre IVA, altos responsables de las 104 jurisdicciones y organizaciones internacionales participantes respaldaron las Directrices como estándar internacional para el tratamiento del IVA en las operaciones de comercio internacional de servicios e intangibles, con el objeto de que sirviesen como punto de referencia para el diseño e implementación de normas en esta materia. Todos los participantes del Foro Global valoraron la activa participación de un número creciente de países de todo el mundo y también de la comunidad empresarial internacional en la definición de los resultados de este trabajo. Asimismo, acogieron favorablemente la posibilidad de incorporar las Directrices a una Recomendación del Consejo de la OCDE a la que pudieran adherirse las economías socias que estuvieran interesadas.

Las Directrices fueron incorporadas a la Recomendación en materia de Aplicación del Impuesto sobre el Valor Agregado al Comercio Internacional de Servicios e Intangibles, adoptada por el Consejo de la OCDE el 27 de septiembre de 2016 (que se incluye en el Apéndice de la presente publicación). Esta Recomendación es el primer instrumento jurídico de la OCDE en relación con el IVA y el primer marco aceptado internacionalmente para la aplicación de dicho gravamen al comercio transfronterizo que aspira a tener alcance mundial.

Esta Recomendación está dirigida a Miembros y a no Miembros que se adhieran a ella («Adherentes») y representa la voluntad política de dichas jurisdicciones en materia de aplicación del IVA al comercio internacional de servicios e intangibles, con vistas a hacer frente a los riesgos de doble imposición y de no imposición involuntaria derivados de una aplicación descoordinada de este impuesto en un contexto transfronterizo. Se exhorta a dichas jurisdicciones a tener debidamente en cuenta las Directrices al diseñar e implementar legislación en materia de IVA. En particular, se les anima a hacer esfuerzos por aplicar los principios de neutralidad y el principio de destino para determinar el lugar de imposición de los suministros transfronterizos, en aras de facilitar una aplicación coherente de la legislación nacional sobre IVA al comercio internacional.

Notes

1. Se utilizan los términos «impuesto sobre el valor agregado» e «IVA» para designar todo impuesto nacional, sea cual sea su denominación o sigla (por ejemplo Impuesto a los Bienes y Servicios, en inglés *Goods and Services Tax* o GST), que presente las características básicas de un impuesto sobre el valor agregado, a saber: un impuesto general sobre el consumo final, recaudado a través de las empresas, aunque *a priori* no soportado por éstas, a través de un procedimiento recaudatorio plurifásico, independientemente del método que se utilice para determinar la obligación fiscal (por ejemplo, el método de deducción financiera o el método de sustracción). Nota a la traducción: Pese a que el título de la publicación en inglés incluye también la sigla "GST", de "Goods and Services Tax" (en español literalmente, "IBS", de "impuesto a los bienes y servicios"), esta no se incluye en el título en español porque en los ordenamientos jurídicos de habla hispana IVA constituye un término relativamente universal, utilizado legalmente o bien de uso corriente en países cuya legislación utiliza una nomenclatura diversa. Además, la propia definición de IVA que se incluye a los efectos de las presentes Directrices indica que ese término se utiliza en un sentido amplio, abarcando cualquier impuesto nacional de base amplia sobre el consumo final, sea cual sea su denominación o sigla, y que cumpla con ciertos elementos que se especifican en las mismas Directrices.

2. Estos mecanismos y principios recomendados se incluyeron también en el Informe Final OCDE/G20 sobre la Acción 1 del BEPS «Cómo abordar los desafíos fiscales de la Economía Digital». Dicho Informe recibió el respaldo del Consejo de la OCDE el 1 de octubre y fue aprobado por los Líderes del G20 con motivo de la Cumbre de Antalya celebrada los días 15 y 16 de noviembre de 2015.

Índice

Siga las publicaciones de la OCDE en:

http://twitter.com/OECD_Pubs

http://www.facebook.com/OECDPublications

http://www.linkedin.com/groups/OECD-Publications-4645871

http://www.youtube.com/oecdilibrary

http://www.oecd.org/oecddirect/

Introducción

1. La expansión mundial del impuesto sobre el valor agregado («IVA»)[1] ha ido en paralelo al rápido crecimiento del comercio internacional de bienes y servicios en una economía cada vez más globalizada. Una de las consecuencias de tal situación ha sido una mayor interacción entre los diferentes regímenes de IVA y un aumento de los riesgos de doble imposición y de no imposición involuntaria, en ausencia de una coordinación internacional en relación con este impuesto.

2. En general, los principios básicos del IVA son los mismos en las distintas jurisdicciones, en tanto que su objetivo es gravar el consumo final en la jurisdicción en la que se produce, con arreglo al principio de destino. No obstante, desde finales de la década de los noventa, las autoridades tributarias y el sector empresarial vienen reconociendo la necesidad de una mayor coherencia de las normas sobre IVA para no poner impedimentos al comercio internacional. También han identificado la necesidad de un planteamiento cooperativo para resolver problemas comunes.

3. El primer resultado tangible del trabajo llevado a cabo por la OCDE en este ámbito llegó con la Conferencia de Ottawa de 1998 sobre comercio electrónico, en la que se aprobó el *Marco de Condiciones Tributarias de Ottawa*. Tomando como base este trabajo, el Comité de Asuntos Fiscales de la OCDE («CAF») adoptó las *Guidelines on Consumption Taxation of Cross-Border Services and Intangible Property in the Context of E-commerce* (2003), formuladas en el marco de la *Consumption Tax Guidance Series* (2003).

4. En un contexto caracterizado por un fuerte crecimiento del comercio internacional de servicios, cada vez resultaba más evidente que las cuestiones de índole tributaria a las que debía prestarse atención no se circunscribían exclusivamente al ámbito del comercio electrónico, pues el IVA podía distorsionar también el comercio transfronterizo de servicios e intangibles, creando obstáculos para la actividad empresarial, afectando el crecimiento económico e introduciendo distorsiones competitivas. Reconociendo que sería positivo para las jurisdicciones contar con principios que velasen por una interacción consistente entre los diferentes sistemas de IVA, de modo que facilitasen el comercio internacional en lugar de distorsionarlo, la OCDE puso en marcha un proyecto para la elaboración de *Directrices Internacionales sobre IVA* («las Directrices»).

Las Directrices Internacionales sobre IVA: objeto y situación actual

5. Estas Directrices presentan una serie de principios para el tratamiento del IVA en los tipos más habituales de transacciones internacionales, con especial foco en el comercio de servicios e intangibles, en aras de reducir la incerteza y los riesgos de doble imposición y de no imposición involuntaria

---

[1] Para facilitar la lectura, los términos «impuesto sobre el valor agregado» e «IVA» se utilizan para designar todo impuesto nacional que presente las características básicas de un impuesto sobre el valor agregado que se describen en el Capítulo 1, sea cual sea su denominación o sigla (por ejemplo, «Impuesto a los bienes y servicios», en inglés «Goods and Services Tax» o «GST»).

provocados por incoherencias al aplicar dicho impuesto en un contexto transfronterizo. Las Directrices son fruto de un diálogo internacional entre los Miembros y Socios de la OCDE, así como con otros actores relevantes, entre ellas la comunidad académica e instituciones privadas.

6.		Las Directrices no tienen por objeto establecer prescripciones pormenorizadas para las legislaciones nacionales, pues cada jurisdicción es soberana respecto del diseño y aplicación de sus leyes. Las Directrices, en cambio, buscan identificar objetivos y recomendar medios para lograrlos, y tienen como propósito servir como instrumento de referencia. El objetivo de las Directrices es ayudar a los responsables de la formulación de políticas en su tarea de evaluar y crear el correspondiente marco jurídico y administrativo dentro de sus jurisdicciones, teniendo en cuenta las circunstancias y prácticas económicas, legales, institucionales, culturales y sociales específicas de cada una.

7.		Las Directrices tienen carácter evolutivo y deberían revisarse cuando se produzcan cambios relevantes. A los gobiernos les corresponde la importante responsabilidad de definir marcos fiscales efectivos, evaluando los posibles efectos, costos y beneficios que comportan diferentes opciones de política y garantizando una flexibilidad suficiente para responder a la evolución de las circunstancias y las demandas. En el futuro, podrían concurrir nuevos acontecimientos que exijan una actualización y revisión de las Directrices.

8.		Las Directrices se aplican exclusivamente a los sistemas de IVA, sea cual sea su denominación o sigla, que presenten las características básicas descritas en el Capítulo 1, a saber: impuestos de base amplia sobre el consumo final recaudados por las empresas, pero *a priori* no soportados por éstas, mediante un procedimiento recaudatorio plurifásico o por etapas (independientemente del método que se utilice, tal como el de deducción financiera o el de sustracción). En principio, los tributos que carezcan de estos elementos quedan al margen del ámbito de aplicación de las Directrices, aun cuando sean denominados como un tipo de IVA. Por ejemplo, un IVA sobre la producción no estaría incluido, puesto que se trataría de un impuesto cuyo objeto no es gravar el consumo final. Las Directrices tampoco se aplican a los impuestos al consumo de carácter monofásico, es decir, que se cobran de una vez al usuario final en el punto último de venta, tales como los impuestos sobre las ventas al por menor.

Proceso de formulación de las Directrices Internacionales sobre IVA

9.		Las Directrices han sido elaboradas por el CAF, a través de su Grupo de Trabajo N.º 9 sobre Impuestos al Consumo, en cooperación con una serie de países Socios y con el Grupo Consultivo Técnico («TAG» por su sigla en inglés) del referido Grupo de Trabajo, formado por representantes de autoridades tributarias, empresas y organizaciones internacionales, y respaldado además por la comunidad académica. Por las características fundamentales del IVA, que se describen en el Capítulo 1, las empresas desempeñan un papel preponderante en la recaudación de este gravamen. Pese a que, en principio, las empresas no deben soportar la carga del impuesto, es inevitable que incurran en costos de cumplimiento vinculados con su recaudación a lo largo de todas las fases intermedias de la cadena de producción hasta llegar al consumidor final, y también en relación con su pago a las autoridades tributarias. En razón de tal circunstancia, el sector empresarial es considerado un socio fundamental de las diferentes jurisdicciones para el diseño y aplicación de los sistemas de IVA y, por ello, ha participado activamente en la formulación de las Directrices.

10.		Las Directrices se han elaborado siguiendo un proceso escalonado y el CAF ha publicado periódicamente versiones provisionales para su consulta pública. Tras la conclusión del proceso de consultas, se estudiaron atentamente todas las observaciones realizadas y se modificaron oportunamente las versiones provisionales. Posteriormente se siguió trabajando a partir de los progresos alcanzados. Cada elemento de las Directrices se consideró un componente fundamental y se revisó tras la recepción de contribuciones posteriores, con miras a conseguir un conjunto coherente.

11.   Además de incluir las características fundamentales del IVA que se describen en el Capítulo 1, la versión actual de las Directrices aborda los principios fundamentales de este gravamen que son de aplicación al comercio transfronterizo, a saber: la neutralidad (véase el Capítulo 2); la definición del lugar de imposición de las operaciones de comercio transfronterizo de servicios e intangibles[2] entre empresas («operaciones de empresa a empresa») y de empresa a consumidor finales («operaciones de empresa a consumidor») (véase el Capítulo 3); y los mecanismos para aplicar las Directrices en la práctica, entre ellos la cooperación mutua, la reducción de controversias y la aplicación en casos de evasión y elusión (véase el Capítulo 4).

12.   Las Directrices parten del supuesto de que las partes involucradas actúan de buena fe, y de que las operaciones son legítimas y tiene un fundamento económico. En el Capítulo 4 se incluyen orientaciones para la aplicación de las Directrices en casos de evasión y elusión.

---

[2] En algunas jurisdicciones existen categorías de suministros diferentes a la de bienes y servicios. Para simplificar su referencia, en las presentes Directrices, elementos como los derechos de propiedad intelectual y otros intangibles se denominarán «intangibles».

Capítulo 1
Características fundamentales del impuesto sobre el valor agregado

1.1   Este Capítulo describe las características fundamentales del IVA, prestando especial atención a su aplicación al comercio internacional. Esta descripción se basa en conceptos ampliamente compartidos entre las diferentes administraciones tributarias, el sector empresarial, la comunidad académica y otros expertos en fiscalidad, en relación con el objeto, el diseño y la implementación de dicho gravamen.

A. Objetivo fundamental del IVA: un impuesto de base amplia sobre el consumo final

1.2   El objetivo fundamental del IVA radica en aplicar un impuesto de base amplia sobre el consumo, entendido como el consumo final efectuado por los hogares. En principio, tan solo los particulares, a diferencia de las empresas, efectúan la modalidad de consumo que grava el IVA. Sin embargo, en la práctica, muchos sistemas de IVA gravan no solo el consumo de los particulares, sino también el de diversas entidades que realizan actividades no empresariales.

1.3   Como impuesto de base amplia, el IVA se distingue de los impuestos especiales dirigidos a modalidades específicas de consumo, como la compra de combustibles o bebidas alcohólicas.

1.4   Una consecuencia básica de la tesis fundamental que plantea el IVA, como un impuesto sobre el consumo final que realizan los hogares, es que la carga que supone no debe recaer en las empresas. Así lo dicta también la lógica elemental de la proposición de que el IVA sea un gravamen aplicado al consumo de los hogares, pues las empresas no son hogares y no pueden, al menos en teoría, incurrir en consumo final o análogo al que estos realizan. En la práctica, cuando una empresa adquiere bienes, servicios o intangibles que se utilizan total o parcialmente para el consumo privado de los propietarios de la empresa, los regímenes de IVA deben determinar bien si la compra debe considerarse efectuada con fines empresariales o de uso privado, o bien en qué medida debe dársele a dicho gasto una u otra consideración.

B. La característica esencial del diseño del IVA: el procedimiento recaudatorio plurifásico

1.5   La característica esencial del diseño del IVA, rasgo al que debe su nombre, radica en el hecho de que el impuesto se recaude a través de un procedimiento plurifásico. Toda empresa de la cadena de suministro participa del proceso de control y recaudación del impuesto, siendo resposable de la parte del tributo que grava su margen, esto es, la diferencia entre el IVA que grava la adquisición de sus insumos y el IVA que grava sus ventas o servicios. Por consiguiente, el impuesto se cobra y aplica inicialmente sobre el «valor agregado» en cada fase de producción y distribución. En este sentido, el IVA difiere de un impuesto sobre las ventas minoristas, que grava el consumo a través de un impuesto monofásico aplicado teóricamente tan solo en el punto de venta final.

1.6   Esta característica esencial del diseño del IVA, unida al principio fundamental de que la carga tributaria no debe recaer en las empresas, precisa de un mecanismo para deducir el IVA soportado a la hora de adquirir bienes, servicios o intangibles. Existen dos mecanismos principales para implementar el procedimiento recaudatorio plurifásico y al mismo tiempo deducir el IVA que las empresas soportan, de manera que los sucesivos contribuyentes puedan deducir el IVA que soportan en sus compras al declarar el IVA que cobran por sus ventas. Con arreglo al método de deducción financiera (que es un «método transaccional»), toda empresa cobra el IVA conforme a la tasa especificada para cada suministro y emite una factura al comprador indicando la cuantía recargada en concepto de IVA. El comprador, a su vez, puede compensar el impuesto soportado en la adquisición de sus insumos con el impuesto repercutido (también denominado impuesto recargado o impuesto trasladado) en sus ventas, pagando el saldo resultante a la autoridad tributaria competente y recibiendo la devolución del IVA soportado en exceso, en su caso. En aplicación del método de sustracción (que es un «método basado en la entidad»), el impuesto se aplica directamente sobre una estimación contable del valor agregado, el cual se determina para cada empresa deduciendo el IVA calculado sobre las compras admisibles del IVA calculado en suministros gravados. Casi todas las jurisdicciones que poseen un sistema de IVA aplican el método de deducción financiera.

1.7   En general, las jurisdicciones de la OCDE que tienen IVA aplican dicho impuesto en cada una de las fases del proceso económico y permiten que todos los compradores, salvo el consumidor final, deduzcan el IVA soportado. Esta característica del diseño del IVA confiere a este gravamen su rasgo esencial como impuesto con neutralidad impositiva en el comercio interno. El pleno derecho a deducir el impuesto soportado a lo largo de la cadena de suministro del que disfrutan todos los compradores, a excepción del consumidor final, garantiza su neutralidad, con independencia de la naturaleza del producto, la estructura de la cadena de distribución y los medios empleados para su entrega (por ejemplo, establecimientos minoristas, entrega física, descargas de Internet). Como resultado de este sistema de pago plurifásico, el IVA «fluye a través de las empresas» para gravar únicamente los suministros realizados a consumidores finales.

C. IVA y comercio internacional: el principio de destino

1.8   El propósito fundamental del IVA como impuesto sobre el consumo final, unido a la característica de diseño principal que lo caracteriza, a saber, un procedimiento recaudatorio plurifásico, sienta las bases de los principios fundamentales de imposición de este gravamen en el comercio internacional. El principal debate de política económica en lo concerniente a la aplicación internacional del IVA gira en torno a si debe aplicarlo la jurisdicción de origen o la de destino. En virtud del principio de destino, el impuesto grava, en última instancia, tan solo el consumo final que tiene lugar dentro de la jurisdicción respectiva; mientras que, con arreglo al principio de origen, procede aplicar el impuesto en las distintas jurisdicciones en las que se añade valor. La diferencia económica fundamental entre estos dos principios es que el principio de destino coloca en pie de igualdad a todas las empresas que compiten en una determinada jurisdicción, mientras que el de origen obra dicho efecto en relación con los consumidores de distintas jurisdicciones.

1.9   Cuando el IVA se aplica siguiendo el principio de destino se consigue la neutralidad impositiva en las operaciones de comercio internacional. Con arreglo al principio de destino, las exportaciones no están sujetas a gravamen y procede la devolución de los impuestos soportados (esto es «libres de IVA» o «sujetas a tasa cero»), tributando las importaciones sobre la misma base y con las mismas tasas que los suministros a nivel interno. En consecuencia, el impuesto total pagado en relación con un suministro en particular se determina atendiendo a las normas aplicables en la jurisdicción de consumo, percibiendo todos los ingresos la jurisdicción en que tiene lugar la prestación al consumidor final.

1.10   Por el contrario, atendiendo al principio de origen, cada jurisdicción aplicará el IVA al valor creado dentro de sus fronteras[3]. En un régimen basado en el origen, las operaciones de exportación tributarán en las jurisdicciones exportadoras sobre la base del mismo hecho imponible y aplicando las mismas tasas que a los suministros internos, mientras que las jurisdicciones importadoras reconocerían un crédito contra el IVA en cuantía equivalente al gravamen hipotéticamente soportado a la tasa vigente en las propias jurisdicciones importadoras. De este modo, el impuesto pagado con respecto a un suministro reflejaría el patrón de sus orígenes y los ingresos totales se imputarían en base al mismo patrón. Esto contravendría las características fundamentales del IVA, ya que, al ser un impuesto que grava el consumo, los ingresos fiscales deberían corresponder a la jurisdicción en la que tiene lugar el consumo final. Según el principio

---

[3] Debería distinguirse del término empleado en la Unión Europea para designar un sistema propuesto (que no ha llegado a aplicarse), según el cual en las operaciones realizadas dentro de la Unión Europea, el Estado Miembro de origen recaudaría el IVA y dicha recaudación se trasladaría posteriormente al Estado Miembro de destino.

de origen, dichos ingresos fiscales se reparten entre aquellas jurisdicciones en las que se añade valor. Mediante la tributación bajo las diversas tasas aplicables en las jurisdicciones en las que se añade valor, el principio de origen puede incidir en la estructura económica o geográfica de la cadena de valor y socavar la neutralidad en el comercio internacional.

1.11   Por estas razones, existe un amplio consenso sobre el hecho de que el principio de destino, bajo el cual los ingresos corresponden al país en el que tiene lugar el consumo final, resulta preferible al principio de origen, tanto desde un punto de vista teórico como práctico. De hecho, el principio de destino constituye la norma internacional aceptada por las reglas de la Organización Mundial del Comercio (OMC)[4].

1.12   Dado que el principio de destino ha sido ampliamente aceptado como criterio de aplicación del IVA en operaciones de comercio internacional, la mayoría de las normas en vigor en esta materia suelen tener como objetivo gravar los suministros de bienes, servicios e intangibles en la jurisdicción en la que tiene lugar el consumo. Su implementación en la práctica varía, no obstante, de una jurisdicción a otra, lo que puede producir en algunos casos doble imposición o no imposición involuntaria, así como generar incertezas tanto para empresas como para administraciones tributarias.

1.13   La aplicación del principio de destino con respecto al comercio internacional de bienes es relativamente sencilla, en teoría, y suele resultar efectiva en la práctica, debido en gran medida a la existencia de controles fronterizos o fronteras fiscales. Cuando una operación comporta el traslado de bienes de una jurisdicción a otra, estos suelen ser gravados en el lugar de entrega. Los bienes exportados están generalmente liberados de IVA en la jurisdicción del vendedor (y liberados de cualquier IVA residual por medio de la deducción sucesiva de los impuestos soportados por las empresas), mientras que las operaciones de importación devengan el mismo IVA que los equivalentes bienes nacionales en la jurisdicción del adquirente. Por lo general, en las operaciones de importación el IVA se recauda al mismo tiempo que los aranceles aduaneros, aunque en algunas jurisdicciones la recaudación se pospone hasta la siguiente declaración del IVA presentada por el importador. El permitir la deducción del IVA incurrido en una importación de la misma manera que el impuesto soportado en una adquisición interna, garantiza la neutralidad y limita las distorsiones relacionadas con el comercio internacional.

1.14   No obstante, en el caso del comercio internacional de servicios e intangibles, implementar el principio de destino resulta más difícil que cuando se trata de operaciones de comercio internacional de bienes. Por su naturaleza, los servicios e intangibles no pueden someterse a controles fronterizos de la misma manera que los bienes. Por lo anterior, se han formulado Directrices para determinar la jurisdicción de imposición de los suministros internacionales de servicios e intangibles con arreglo al principio de destino (véase el Capítulo 3).

1.15   Al liberar de IVA a las exportaciones y gravar las importaciones se genera una brecha en el procedimiento recaudatorio plurifásico. En muchos sistemas de IVA que utilizan el método de deducción financiera, el IVA aplicado a los suministros transfronterizos de servicios e intangibles de empresa a empresa se recauda a través del mecanismo de inversión del sujeto pasivo, esto es, un mecanismo fiscal que traslada la obligación de pagar el impuesto del proveedor al cliente. En ausencia de este mecanismo, los proveedores extranjeros que prestan servicios en jurisdicciones en las que no tienen un establecimiento tendrían, en principio, que registrarse para efectos del IVA y cumplir todas las obligaciones correspondientes en dichas jurisdicciones. Para evitar dicha carga administrativa a los proveedores extranjeros y garantizar que se declare el IVA, el mecanismo de inversión del sujeto pasivo permite (o en ocasiones exige) que el cliente registrado para efectos de IVA declare el impuesto que grava

---

[4] La nota al pie número 1 del Acuerdo sobre Subvenciones y Medidas Compensatorias de la OMC dispone que «...no se considerarán subvenciones la exoneración, en favor de un producto exportado, de los derechos o impuestos que graven el producto similar cuando éste se destine al consumo interno, ni la remisión de estos derechos o impuestos en cuantías que no excedan de los totales adeudados o abonados.»

los suministros adquiridos a proveedores extranjeros. Si el cliente tiene derecho a la deducción íntegra del impuesto soportado con motivo de dicha adquisición, podría ocurrir que la legislación nacional de IVA no exija la aplicación del mecanismo de inversión del sujeto pasivo. No obstante, este mecanismo no se utiliza en todas las jurisdicciones y las normas pueden diferir entre los distintos países que sí lo aplican.

D. Aplicación al IVA de principios de política tributaria generalmente aceptados: las Condiciones Tributarias Marco de Ottawa

1.16   Pese a haberse concebido en el marco de la tributación del comercio electrónico, los principios de política tributaria generalmente aceptados aplicables a los impuestos al consumo que en 1998[5] fueron favorablemente acogidos por Ministros de todo el mundo, pueden en general aplicarse también al IVA en el ámbito del comercio tanto nacional como internacional. Tanto es así que las propias *Condiciones Tributarias Marco de Ottawa* provienen de los «mismos principios que aplican las administraciones para gravar el comercio tradicional»[6]. Estos principios de política tributaria generalmente aceptados, algunos de los cuales ya se han señalado anteriormente, son:

- **Neutralidad:** Los sistemas tributarios deben tratar de ser neutrales y equitativos entre las distintas formas de comercio electrónico y entre este y el comercio convencional o tradicional. Las decisiones comerciales deben estar motivadas por consideraciones económicas en vez de tributarias. Aquellos contribuyentes que se encuentren en situaciones similares y efectúen operaciones similares, deben estar sometidos a niveles impositivos similares.

- **Eficiencia:** Deben reducirse, tanto como sea posible, los costos de cumplimiento soportados por las empresas y los gastos administrativos que pesan sobre las autoridades tributarias.

- **Certeza y simplicidad:** Las normas tributarias han de ser claras y fáciles de entender, de forma que los obligados tributarios puedan anticiparse a las consecuencias fiscales incluso antes de realizar cualquier operación, lo que implica saber cuándo, dónde y cómo satisfacer sus obligaciones fiscales.

- **Efectividad y justicia:** Los sistemas tributarios han de generar la cuantía idónea de impuestos en forma oportuna, debiendo reducir al máximo las posibilidades de evasión y elusión al tiempo que se combaten mediante la adopción de medidas proporcionales a los riesgos enfrentados.

- **Flexibilidad:** Los sistemas tributarios han de ser flexibles y dinámicos para procurar mantenerse al día de los avances tecnológicos y comerciales, y adaptarse a ellos.

1.17   Si bien estos principios de política tributaria guiaron en general el desarrollo de las *Directrices Internacionales sobre IVA*, su Capítulo 2 presta especial atención a la neutralidad, habida cuenta de su importancia como principio fundamental en el diseño del IVA.

---

[5] Las Condiciones Tributarias Marco de Ottawa fueron acogidas favorablemente durante la Conferencia Ministerial sobre Comercio Electrónico celebrada en Ottawa del 7 a 9 de octubre de 1998.

[6] OCDE (2001): La fiscalidad del comercio electrónico: Implantación del marco tributario de la Conferencia de Ottawa, OCDE, París.

Capítulo 2
Neutralidad del impuesto sobre el valor agregado en el contexto del comercio transfronterizo

A. Introducción

2.1   El concepto de neutralidad fiscal del IVA presenta una serie de dimensiones, entre ellas la ausencia de discriminación en un entorno fiscal objetivo e imparcial, así como la eliminación de cargas fiscales indebidas y costos de cumplimiento desproporcionados o inapropiados para las empresas. La neutralidad es uno de los principios que contribuyen a que la cuantía del impuesto recaudada por los gobiernos sea la adecuada.

2.2   Estas Directrices abordan todos los aspectos de la neutralidad en el contexto internacional. Si bien parten de los principios básicos que se aplican a las transacciones internas, no tratan aspectos de neutralidad relativos al comercio interno, como pueden ser la influencia de la estructura fiscal (por ejemplo, diferentes tasas impositivas y exenciones fiscales) en las decisiones que toman los consumidores.

B. Principios básicos de neutralidad

2.3   Los principios básicos que fundamentan la neutralidad se exponen en el Capítulo 1. En el comercio interno, la neutralidad fiscal se consigue, en principio, mediante un sistema de pago plurifásico, es decir, cada empresa paga a sus proveedores el IVA sobre sus insumos y recibe de sus clientes el IVA sobre sus ventas o servicios. Para asegurar que se pague a las autoridades tributarias la cuantía «correcta» de impuestos, cada empresa compensa el IVA soportado en la adquisición de sus insumos con el IVA repercutido en sus ventas, de manera que se obtiene una obligación de pago equivalente a la cuantía neta o diferencia entre ambos importes[7]. Esto significa que el IVA normalmente «fluye a través de las empresas» para gravar únicamente a los consumidores finales. Por consiguiente, es importante que, en cada fase, el proveedor tenga pleno derecho a deducir el impuesto soportado, de manera que, a la postre, la carga tributaria recaiga en el consumidor final y no en los intermediarios de la cadena de suministro. Este principio se establece en la Directriz 2.1.

Directriz 2.1

La carga del impuesto sobre el valor agregado en sí no debe recaer en las empresas obligadas fiscalmente, a menos que la legislación así lo disponga explícitamente.

2.4   En este contexto, la expresión «a menos que la legislación así lo disponga explícitamente» se refiere a que las jurisdicciones pueden hacer recaer legítimamente la carga del impuesto sobre el valor agregado en las empresas. En los siguientes ejemplos se describen una serie de supuestos en los que así ocurre:

- Cuando las transacciones llevadas a cabo por las empresas quedan exentas porque resulta difícil calcular la base imponible de las operaciones efectuadas (por ejemplo, en el caso de muchos servicios financieros) o por motivos políticos (sanitarios, educativos, culturales).

- La legislación fiscal también puede gravar a las empresas con un impuesto sobre el valor agregado para garantizar una imposición efectiva al consumo final. Este podría ser el caso de una empresa que lleve a cabo transacciones que no entren dentro del ámbito de aplicación del impuesto (como las realizadas a título gratuito) o si el impuesto soportado está relacionado con adquisiciones no utilizadas enteramente para el desempeño de la actividad empresarial sujeta al gravamen.

---

[7] En algunos casos, la compensación da lugar a una devolución por parte de las autoridades tributarias. Algunos ejemplos son, entre otros, las empresas pagan una cuantía de impuesto soportado superior al repercutido (tal es el caso de los exportadores, cuyas ventas están libres de IVA en su jurisdicción en virtud del principio de destino) y las empresas que compran más de lo que venden en un mismo período (por ejemplo, empresas nuevas o aquellas que se encuentran en fase de expansión y aquellas que desempeñan actividades de carácter estacional).

- Las jurisdicciones también contemplan en su legislación la prohibición de deducir el impuesto soportado cuando no se cumple con obligaciones administrativas explícitas (entre otras circunstancias, cuando se carece de pruebas suficientes para justificar tal deducción).

2.5   Toda imposición de IVA de este tipo que recaiga sobre las empresas debe hacerse constar de manera clara y explícita en el marco legislativo del impuesto.

Directriz 2.2

Aquellas empresas en situaciones similares que efectúen operaciones similares deben estar sometidas a niveles impositivos similares.

2.6   En circunstancias similares, el impuesto debe ser neutral y equitativo. De este modo se garantiza que el gravamen recaudado en última instancia a lo largo de una cadena de suministro concreta sea proporcional al importe pagado por el consumidor final, independientemente de la naturaleza del suministro, la estructura de la cadena de distribución, el número de transacciones u operadores económicos que participen y los medios técnicos utilizados.

Directriz 2.3

Las normas sobre IVA deben articularse de tal manera que no sean el principal factor que influencie la toma de decisiones empresariales.

2.7   Cabe admitir que existen numerosos factores que pueden influir en las decisiones empresariales, por ejemplo, de carácter financiero, comercial, social, ambiental y legal. Aunque el IVA sea también un factor a tener en cuenta, no debe erigirse en el condicionante primordial de las decisiones empresariales. Así, las políticas o normas sobre IVA no deben inducir a las empresas a adoptar formas jurídicas específicas bajo las cuales operar (por ejemplo, una estructura de sucursales o empresas filiales).

2.8   Las consideraciones en materia de IVA incluyen el importe del gravamen pagado en última instancia a las administraciones tributarias, las cargas de cumplimiento relacionadas con la recaudación, el pago o la devolución del impuesto, tales como presentar declaraciones, mantener una contabilidad adecuada y los costos financieros vinculados al impacto del sistema de IVA en el flujo de tesorería de la empresa.

2.9   Además, para contribuir al cumplimiento del principio de neutralidad, las normas en materia de IVA deben ser accesibles, claras y consistentes.

C. La neutralidad en el comercio internacional

C.1. Principios de fiscalidad

2.10   Los principios básicos que fundamentan la neutralidad descritos anteriormente y las Directrices que se derivan de ellos se aplican por igual al comercio nacional e internacional. Sin embargo, se plantea la cuestión de si el contexto internacional exige que se tengan en consideración elementos adicionales.

2.11   Resulta especialmente importante que la aplicación de las normas relativas a operaciones internacionales no generen un beneficio fiscal respecto a operaciones nacionales comparables, lo cual incluye el grado de imposición aplicado, los costos de recaudación y administración del impuesto, así como las cargas correspondientes que pesan sobre empresas y administraciones tributarias.

Directriz 2.4

En lo concerniente al nivel impositivo, en la jurisdicción en la que se adeude o pague el impuesto, las empresas extranjeras no deben verse favorecidas ni desfavorecidas con respecto a las empresas nacionales.

2.12   Los sistemas de IVA se han concebido para que la aplicación del impuesto sea justa y equitativa, a fin de garantizar que ni empresas nacionales ni extranjeras obtengan ventajas competitivas injustificadas que, de otro modo, podrían distorsionar el comercio internacional y limitar las posibilidades de elección de los consumidores. Para lograr dicho cometido, se aplica el principio de destino, según el cual las exportaciones están liberadas de IVA y las importaciones se someten a gravamen sobre la misma base y a las mismas tasas que los suministros internos. El principio de destino permite que la carga impositiva neta sobre las importaciones sea igual a aquella que grava esos mismos suministros en el mercado nacional, y también garantiza que la cuantía del impuesto devuelto o ingresado en el caso de las exportaciones sea igual a la del impuesto exigido.

2.13   Las características intrínsecas del sistema de IVA, unidas al principio de destino, deben velar por que se alcance el mismo nivel de neutralidad en las operaciones comerciales internacionales. No obstante, en la práctica se dan algunos casos en los que las normas habituales no aplicarán y las empresas extranjeras incurrirán en gastos gravados con IVA en jurisdicciones en las que no tengan ningún establecimiento o en las cuales no se hayan registrado para efectos de dicho impuesto. Lo normal es que el derecho a deducir el IVA se ejerza reduciendo la cuantía del impuesto neto a pagar. Sin embargo, cuando las empresas extranjeras incurren en dicho impuesto por sus gastos empresariales en una jurisdicción en la que no están registradas para efectos del IVA (o en la cual no están obligadas a ello), dicho procedimiento de deducción no resulta aplicable.

2.14   La aplicación del principio que sostiene que el IVA aplicado en operaciones de comercio internacional ha de ser neutral y equitativo en circunstancias similares implica que el sistema de IVA no debe ni animar a las empresas a invertir o realizar actividades en un país determinado ni tampoco disuadirlas de hacerlo. Las decisiones empresariales de ese tipo han de tomarse teniendo en cuenta factores relativos al mercado y de otra índole, pero no tributarios. Esto significa que la legislación vigente en el país en el que las empresas extranjeras soportan IVA no debe discriminarlas ni favorecerlas frente a las empresas nacionales en lo referente a la imposición del gravamen y a su derecho a deducirlo o recuperarlo. Algunas administraciones tributarias recurren a la reciprocidad de trato al fijar normas de devolución o mecanismos equivalentes.

Directriz 2.5

Las jurisdicciones pueden optar por diferentes mecanismos para garantizar que las empresas extranjeras no incurran en IVA no recuperable.

2.15   Por lo general, los principios básicos del IVA son los mismos en las diferentes jurisdicciones que aplican este tributo, en el sentido de que gravan el consumo en la jurisdicción en la que este tiene lugar. Sin embargo, los medios que emplean para lograr dicho cometido difieren debido a causas varias, como la tradición, la historia del país o la necesidad de alcanzar determinados objetivos políticos. Entre las diferencias que pueden observarse están los distintos mecanismos que utilizan para garantizar la neutralidad del régimen tributario con respecto a las empresas extranjeras.

2.16   Los métodos adoptados por las jurisdicciones para velar por que las empresas extranjeras no incurran en el pago de IVA no recuperable incluyen, entre otros, los siguientes:

- un sistema para solicitar la devolución directa del IVA abonado en su territorio nacional;
- aplicar una franquicia de IVA a las adquisiciones;

- contemplar la posibilidad de obtener la devolución del IVA mediante el registro bajo el régimen local del impuesto;

- trasladar la responsabilidad a clientes o proveedores dados de alta en el régimen local del impuesto; y

- expedir certificados de compras exentas.

2.17   Puede ocurrir que algunas jurisdicciones adopten solamente uno de estos métodos y otras combinen varios.

2.18   Todos estos mecanismos tratan de garantizar que las empresas extranjeras no incurran en IVA no recuperable. Es probable que cada método tenga sus ventajas en circunstancias concretas, puesto que todos tratan de equilibrar los costos relativos de cumplimiento en que incurren las empresas (tanto proveedores nacionales como clientes extranjeros), por una parte, y los gastos administrativos y riesgos de evasión y elusión fiscal que soportan las autoridades tributarias, por otra. La clave reside en alcanzar un equilibro razonable entre ambos, al tiempo que se vela por que, en la mayor medida posible, las empresas extranjeras no incurran en el pago de IVA no recuperable, a menos que la legislación así lo disponga explícitamente y de tal manera que no produzca una discriminación injustificada[8]. Por lo anterior, ninguno de estos mecanismos tiene carácter preferente para su adopción como regla general.

C.2. Administración y cumplimiento

2.19   Al igual que ocurre con muchos otros gravámenes, el IVA impone a las empresas cargas y costos de cumplimiento, e igualmente cargas y costos administrativos a las autoridades tributarias. Algunos ejemplos de costos vinculados al cumplimiento en materia de IVA son los relacionados con la administración del impuesto (entre otros, en personal y aquellos que comporta el cobro y recuperación del gravamen), la infraestructura (por ejemplo, los costos vinculados al establecimiento de sistemas y procesos, incluso la introducción de cambios en programas informáticos) y las finanzas (por ejemplo, los costos de liquidez y de los avales bancarios).

2.20   En el párrafo 2.7 se describe el principio según el cual las consideraciones en materia de IVA no deben ser el condicionante primordial de las decisiones empresariales. En el párrafo 2.8, se hace presente que las consideraciones relacionadas con el IVA van más allá del importe del impuesto que se paga en última instancia a las administraciones tributarias e incluyen también los costos vinculados.

2.21   El principio según el cual las empresas no deben incurrir en IVA no recuperable (salvo en las circunstancias mencionadas en el párrafo 2.4) no se refiere a que las empresas deban estar liberadas de cargas y de costos de cumplimiento. Las administraciones tributarias también incurrirán en gastos y cargas al gestionar los sistemas de IVA, lo que incluye las políticas y los procedimientos subyacentes. Si bien debe ponerse a disposición de las empresas extranjeras alguna forma de devolución o mecanismo de deducción del IVA, la disponibilidad y alcance de dichos sistemas o mecanismos puede tener en cuenta las cargas relacionadas en cuanto a administración, recaudación y aplicación del impuesto. Por ejemplo, la administración tributaria no debería incurrir en cargas o costos desproporcionados en sus gestiones con empresas extranjeras, como puede ocurrir cuando se atienden reclamaciones de escaso valor o *de minimis*.

---

[8] En el artículo 24 del Modelo de Convenio Tributario sobre la Renta y sobre el Patrimonio y sus comentarios se pueden consultar principios, ejemplos y reflexiones sobre el concepto de no discriminación.

Directriz 2.6

Cuando se estimen necesarios requisitos administrativos específicos en relación con las empresas extranjeras, estos no deben constituir una carga de cumplimiento desproporcionada ni inapropiada para las empresas.

2.22   Puede resultar apropiado que las administraciones tributarias impongan el cumplimiento de requisitos específicos a distintas categorías de empresas, tales como empresas pequeñas, empresas pertenecientes a sectores concretos o empresas extranjeras. De hecho, tratar con empresas extranjeras sin presencia «jurídica» en una jurisdicción comporta inevitablemente un elemento de riesgo para las administraciones tributarias y es posible que estas tengan que adoptar medidas apropiadas para evitar prácticas de evasión o elusión fiscal. No obstante, se recomienda a las administraciones tributarias hacer uso de todos los instrumentos a su disposición que permitan el intercambio de información y la asistencia mutua en el cobro de deudas fiscales (por ejemplo, la *Convención Multilateral sobre Asistencia Administrativa Mutua en Materia Fiscal*).

2.23   Las administraciones tributarias también deben procurar que exista un equilibrio entre este tipo de medidas pertinentes y la necesidad de prevenir una discriminación injustificada. Las normas específicas aplicables a empresas extranjeras no deben dar lugar a una forma encubierta de discriminación. Asimismo, es importante que tales requisitos específicos resulten claros, coherentes y accesibles para las empresas extranjeras.

D. Aplicación de los principios de neutralidad del IVA en el contexto del comercio transfronterizo: comentario acerca de las Directrices en materia de neutralidad

2.24   El objetivo de este Comentario es ofrecer algunas recomendaciones sobre la aplicación práctica de las Directrices en materia de neutralidad.

2.25   En la Sección D.4 siguiente se incluyen Comentarios específicos en relación con cada Directriz, con el objetivo de proporcionar ejemplos o información adicional sobre sus disposiciones, sin modificarlas.

D.1. Principios de buena administración tributaria

2.26   Las Directrices sobre neutralidad no tienen por objeto interferir en la soberanía que corresponde a las jurisdicciones en materia tributaria para limitar el derecho a deducir el IVA soportado, crear exenciones de IVA para actividades concretas o establecer requisitos administrativos específicos con respecto a diferentes categorías de empresas (entre ellas las empresas extranjeras). Con todo, con el propósito de garantizar la neutralidad, se exhorta a las jurisdicciones a aplicar los *Principios Administrativos Generales* aprobados en 2001 por el Foro sobre Administración Tributaria de la OCDE[9], que se reproducen a continuación en el Recuadro 2.1.

---

[9]   OCDE (2001), *Principles of Good Tax Administration — Nota Práctica*, OCDE, París, http://www.oecd.org/tax/administration/1907918.pdf.

Recuadro 2.1. Guía - Relaciones con los contribuyentes

Se exhorta a las autoridades tributarias a:

1. aplicar la legislación fiscal de manera equitativa, fiable y transparente;

2. señalar y comunicar a los contribuyentes sus derechos y obligaciones, así como los mecanismos de recurso y los procedimientos de atención de quejas disponibles;

3. facilitar sistemáticamente información de calidad y tratar las consultas, solicitudes y recursos de los contribuyentes en tiempo y forma;

4. prestar un servicio de información accesible y fiable sobre los derechos y obligaciones de los contribuyentes con respecto a la ley;

5. velar por reducir los costos de cumplimiento a los mínimos imprescindibles para lograr el cumplimiento de la legislación fiscal;

6. cuando proceda, brindar a los contribuyentes oportunidades para comentar los cambios en los procedimientos y las políticas administrativas;

7. emplear la información de los contribuyentes solo en la medida que permita la ley;

8. entablar y mantener buenas relaciones de trabajo con grupos de clientes y con la comunidad en general.

D.2. Reciprocidad

2.27   De acuerdo con las Directrices sobre neutralidad, las empresas extranjeras no deben resultar favorecidas ni desfavorecidas respecto a las empresas nacionales. Por lo tanto, las empresas extranjeras no deben incurrir en IVA no recuperable si tal circunstancia constituye una discriminación injustificada respecto a las empresas nacionales. Para lograr tal cometido pueden emplearse diferentes sistemas, como las devoluciones directas a empresas extranjeras, las devoluciones a través de un procedimiento de registro en el régimen nacional del impuesto o liberar los suministros del pago de este gravamen.

2.28   Algunas jurisdicciones supeditan la devolución del impuesto a las empresas extranjeras que lo reclamen a que en su jurisdicción de origen exista un mecanismo de alivio similar. Este requisito de reciprocidad suele adoptar dos formas: un acuerdo bilateral oficial entre las jurisdicciones o una decisión unilateral por la que se reconocen las jurisdicciones que se considera disponen (o no) con las características apropiadas en su legislación[10].

2.29   Las Directrices no adoptan una posición sobre la conveniencia de que las jurisdicciones impongan requisitos de reciprocidad. Sin embargo, en el caso de aquellas que decidan adoptar tales medidas, deberán emplear un método que reduzca al máximo su incidencia en la neutralidad.

2.30   Es importante tener en cuenta el alcance de los requisitos de reciprocidad. De hecho, en el contexto de las Directrices, un mecanismo de trato recíproco no sería requerido por parte de una

---

[10] En la actualidad el principio de reciprocidad es aplicado por algunos países que utilizan «mecanismos de devolución directa» (es decir, a través de un procedimiento independiente y no mediante alta en el régimen nacional del impuesto). No obstante, podría ocurrir que las jurisdicciones impusiesen requisitos de reciprocidad utilizando otros medios para garantizar la neutralidad, en cuyo caso también sería de aplicación la recomendación ofrecida en este comentario.

jurisdicción que no tenga un régimen de IVA, tal como se define a los efectos de estas Directrices.[11] Se alienta a las jurisdicciones a considerar los mecanismos de otras jurisdicciones conformes a sus requisitos de reciprocidad cuando se hayan concebido para velar por la neutralidad en materia de IVA con respecto a las empresas extranjeras y otorgar a estas un trato sustancialmente equivalente. Este trato sustancialmente equivalente podría resultar, por ejemplo, de la combinación de aplicar una franquicia de IVA conjuntamente con el mecanismo de registro en el régimen nacional, tanto como de la aplicación del mecanismo de devolución directa.[12]

D.3. Grupos de países

2.31   De acuerdo con el principio expuesto en las *Guidelines on Consumption Taxation of Cross-Border Services and Intangible Property in the Context of E-commerce* y de conformidad con las Condiciones Tributarias Marco de Ottawa, un grupo de países sujetos a un régimen de IVA integrado en un marco jurídico común pueden aplicar medidas específicas a las operaciones que tengan lugar entre ellos[13]. Si tal circunstancia derivase en una diferencia de trato para los países miembros y no miembros de dicho grupo, pero el trato de estos últimos no resultase de otro modo incompatible con las Directrices sobre neutralidad, esta diferencia no deberá considerarse incompatible con las presentes Directrices.

D.4. Comentario sobre las Directrices

D.4.1. Comentario sobre la Directriz 2.1

La carga del impuesto sobre el valor agregado en sí no debe recaer en las empresas obligadas fiscalmente, a menos que la legislación así lo disponga explícitamente.

2.32   El IVA normalmente fluye a través de las empresas de manera tal que solo el consumidor final, y no las empresas, soportan la carga tributaria. En las operaciones de comercio interno, la neutralidad en materia de IVA se consigue mediante el sistema de pago plurifásico, es decir, cada empresa paga a sus proveedores el IVA sobre sus insumos y recibe de sus clientes un IVA aplicado sobre sus ventas. El IVA soportado en el que incurre cada empresa se compensa con el IVA repercutido, de modo que la cuantía del impuesto que cada empresa debe pagar a las autoridades tributarias equivale al importe neto o la diferencia entre ambas cuantías. En algunos casos, la compensación provoca una devolución a la empresa por parte de las autoridades tributarias. Algunos ejemplos son, entre otros, las empresas que pagan una cuantía de impuesto soportado superior al repercutido (tal es el caso de los exportadores, cuyas ventas están liberadas de IVA en virtud del principio de destino) y las empresas que compran más de lo que venden en un mismo período (por ejemplo, empresas nuevas, aquellas que se encuentran en fase de expansión y aquellas que desempeñan actividades de carácter estacional).

2.33   En las operaciones de comercio transfronterizo, la neutralidad fiscal se consigue mediante la aplicación del principio de destino, según el cual las exportaciones no están sujetas al impuesto (quedan libres de IVA) y las importaciones se someten a gravamen sobre la misma base y bajo las mismas tasas que las operaciones internas. De este modo, el impuesto total pagado en relación con una operación se determina en última instancia atendiendo a las normas aplicables en la jurisdicción de consumo y por lo tanto, percibe todos los ingresos la jurisdicción en la que el objeto de la operación se entrega al consumidor final. No obstante, en ciertos casos, las empresas extranjeras pueden incurrir en el pago de

---

[11] Véase el Capítulo 1. Si una jurisdicción presenta un sistema híbrido, no se tendrá en cuenta la parte que no corresponda al IVA.

[12] Alemania ha formulado una reserva con respecto a este párrafo.

[13] OCDE (2001): *La fiscalidad del comercio electrónico: Implantación del marco tributario de la Conferencia de Ottawa*, OCDE, París, nota al pie número 6, página 45.

IVA en jurisdicciones en las que no pueden recuperar el impuesto soportado deduciéndolo mediante los mismos procedimientos que las empresas nacionales. Al igual que ocurre con las empresas nacionales, la carga del impuesto tampoco debe recaer en las empresas extranjeras, a menos que así lo disponga la legislación.

2.34   Pese a que la carga del IVA no debe recaer en las empresas, la Directriz 2.1 reconoce que las jurisdicciones pueden legítimamente hacerla recaer sobre ellas cuando así lo disponga específicamente la legislación. La Directriz 2.1 y este Comentario no buscan emitir ningún juicio sobre las circunstancias en las que puede resultar pertinente hacer recaer o no la carga de IVA sobre las empresas, sino únicamente reconocer que las jurisdicciones poseen dicha facultad.

2.35   El objetivo de la Directriz 2.1 no es interferir en la soberanía de las jurisdicciones para aplicar normas que limiten o denieguen el derecho a deducir el IVA soportado. No obstante, para garantizar la neutralidad al aplicar dichas normas, se exhorta a las administraciones tributarias a aplicar los principios de buena administración tributaria que se exponen en el Recuadro 2.1.

2.36   Cuando las jurisdicciones hacen recaer la carga tributaria del IVA sobre las empresas, de acuerdo con el Recuadro 2.1, la legislación que así lo disponga debe ser clara y transparente, y los costos de cumplimiento deben reducirse al máximo.

2.37   La referencia en la Directriz 2.1 a que «la legislación lo disponga explícitamente» no se limita a las disposiciones de las propias leyes, sino que incluye también otras disposiciones formuladas conforme a la legislación, como reglamentos, o como resultado del ejercicio de las facultades administrativas que confiere la legislación. También deberán tenerse en cuenta las decisiones de los tribunales de la jurisdicción correspondiente.

2.38   Si se hace recaer la carga tributaria en las empresas, para cumplir los requisitos de las Directrices sobre neutralidad no basta con que exista en la legislación una disposición explícita en tal sentido, pues eso únicamente supondrá que se cumple con la Directriz 2.1. Si la legislación en cuestión no se ajusta también a las otras cinco Directrices sobre neutralidad o si es incompatible con las Directrices en su conjunto, no podrá considerarse que dicha legislación cumple los principios en materia de neutralidad.

D.4.2. Comentario sobre la Directriz 2.2

Aquellas empresas en situaciones similares que efectúen operaciones similares deben estar sometidas a niveles impositivos similares.

2.39   El principal objetivo de la Directriz 2.2 es velar por la consecución de «niveles impositivos similares». Sin embargo, solo se reconoce este objetivo con respecto a «empresas en situaciones similares» que realicen «operaciones similares». Si no se cumpliese alguna de estas condiciones, no sería de aplicación la Directriz 2.2. Por consiguiente, para explicar el significado de la Directriz, resulta esencial definir los conceptos «niveles impositivos similares», «empresas en situaciones similares» y «operaciones similares».

D.4.2.1. Niveles impositivos similares

2.40   En el contexto de las Directrices sobre neutralidad, para determinar si se ha alcanzado un «nivel impositivo similar», ha de considerarse la carga tributaria final, teniendo en cuenta todos las devoluciones y créditos disponibles. Las empresas con pleno derecho a deducir el impuesto soportado no deben asumir ninguna carga tributaria, independientemente de que los servicios e intangibles que utilicen para efectuar posteriores suministros se adquieran en el extranjero o en el mercado doméstico. Si una empresa sin pleno derecho a deducir el impuesto soportado paga IVA en diferentes jurisdicciones, debe asumir la carga del IVA en una sola ocasión por cada adquisición. Si dicha empresa incurriese en el pago de un impuesto no recuperable en dos o más jurisdicciones con respecto a una misma adquisición, no se estaría aplicando un «nivel impositivo similar» al de otra empresa sin derecho a deducir el impuesto soportado que realice sus adquisiciones exclusivamente en el mercado nacional.

2.41   La Directriz 2.2 se aplica exclusivamente a la carga de IVA en la que incurren las empresas directamente. La Directriz 2.2 no abarca situaciones en las que las empresas soporten un impuesto de forma indirecta, por ejemplo, cuando adquieren servicios exentos respecto a los cuales el proveedor no tiene derecho a deducir el impuesto que él mismo soporta. En este caso, el precio pagado por la empresa cliente a su proveedor puede incluir un IVA implícito que el proveedor no puede recuperar.

D.4.2.2. Empresas en situaciones similares

2.42   La determinación de si distintas empresas se encuentran en «situaciones similares» debe efectuarse en base a su derecho a deducción, establecido en función del grado en que utilicen los insumos adquiridos para llevar a cabo actividades imponibles (que generan el derecho a deducir el respectivo impuesto soportado). Así, una empresa que adquiera servicios para desempeñar sus actividades sujetas al impuesto no se encontrará en una «situación similar» a la de otra empresa que adquiera los servicios para desarrollar actividades exentas o una que adquiera servicios principalmente para el uso personal de estos por parte de sus socios. La determinación de si dos empresas se encuentran en un «situación similar» no debe reducirse a comparar industrias o sectores similares.

2.43   A continuación se incluyen ejemplos de empresas en situaciones similares, en función de su derecho a deducción:

* Una consultora y una línea aérea que tienen ambas pleno derecho a deducir el impuesto que cada una de ellas soporta.

* Un banco que normalmente tiene un derecho limitado a deducir el impuesto que soporta, en relación con una compañía aseguradora que también tiene un derecho limitado a deducir el impuesto.

* Una consultora que tiene pleno derecho a deducir el impuesto soportado, en relación con un banco que cuenta también con pleno derecho a deducir el impuesto que soporta (bien porque todas sus operaciones están sujetas al impuesto o bien porque se gravan a tasa cero, por ejemplo).

* Una empresa que normalmente tiene un derecho limitado a deducir el impuesto soportado y que adquiere servicios para el uso privado de estos por parte de sus propietarios, en relación con otra empresa que normalmente goza de pleno derecho a tal deducción y también ha adquirido servicios para el uso privado de estos por parte de sus socios.

2.44   A continuación se incluyen ejemplos de empresas en situaciones que no son similares:

* Una consultora que tiene pleno derecho a deducir el impuesto soportado y un banco cuyo derecho a deducir el impuesto que soporta es limitado.

* Una institución financiera con pleno derecho a deducción (porque todas sus operaciones están sujetas al impuesto o porque estas se gravan con tasa cero, por ejemplo) frente a otra institución de este tipo con un derecho de deducción limitado (por ejemplo, por prestar servicios financieros exentos a clientes nacionales).

* Una empresa que suele tener pleno derecho a deducir el impuesto soportado y adquiere servicios para el uso privado de estos por parte de sus socios frente a otra con pleno derecho a tal deducción que ha adquirido servicios para usarlos en sus actividades imponibles.

D.4.2.3. Operaciones similares

2.45   Para determinar si las empresas «en situaciones similares» que adquieren servicios o intangibles desempeñan «operaciones similares», deberá observarse la calificación de los servicios o intangibles en particular que son objeto de la operación. Una vez establecida la calificación, la forma en que tuvo lugar la operación, la persona de la cadena de suministro de la que se adquirieron o las condiciones en las que tuvo lugar la adquisición de los servicios o intangibles, son irrelevantes.

2.46   La calificación de las operaciones puede no ser uniforme entre las distintas jurisdicciones. Por ejemplo, algunas jurisdicciones pueden aplicar un régimen fiscal específico a una serie muy concreta de servicios o intangibles, mientras otras pueden contar con una única calificación para todos los servicios y aplicar, por ende, un único régimen fiscal a su prestación. De ahí la importancia de considerar la calificación de la operación con arreglo a las normas de la jurisdicción en la que se comparan las empresas.

D.4.2.4. Recapitulación

2.47   En resumen, para establecer si las cargas tributarias, las situaciones y las operaciones son, respectivamente, similares, han de tenerse en cuenta los siguientes factores.

- Las empresas incurren en «niveles impositivos similares» cuando no asumen una carga tributaria o, de incurrir directamente en IVA no recuperable, cuando asumen la carga tributaria correspondiente a dicha operación en una sola ocasión, lo cual también sería el caso para una empresa que se encontrase en una situación similar.

- Las empresas se encuentran en «situaciones similares» en función del uso al que destinen los servicios o intangibles y del derecho correlativo a deducir el impuesto soportado (es decir, si la operación se destinó a actividades imponibles, actividades exentas o a un uso personal, lo cual determinará el derecho a deducir el impuesto soportado).

- Las empresas desarrollan «operaciones similares» en función de la calificación que otorguen a la operación las normas de la jurisdicción en la que se comparen las empresas.

D.4.3. Comentario sobre la Directriz 2.3

Las normas sobre IVA deben articularse de tal manera que no sean el principal factor que influencie la toma de decisiones empresariales.

2.48   Discordancias con la Directriz 2.3 en relación con la influencia del IVA en las decisiones empresariales probablemente reflejen el incumplimiento de alguna de las otras Directrices. De ser así, las empresas pueden tratar de reestructurar su cadena de suministro o sus operaciones en busca de neutralidad. En el contexto de la Directriz 2.3, las consideraciones en materia de IVA abarcan una combinación del importe del gravamen que se paga en última instancia a las administraciones tributarias, las cargas de cumplimiento relacionadas y los costos financieros vinculados al impacto del sistema de IVA en la liquidez de la empresa.

2.49   Por ejemplo, en situaciones en las que se aplique a las empresas extranjeras un nivel impositivo más favorable que a las empresas nacionales (lo cual es incompatible con la Directriz 2.4), una empresa extranjera puede cambiar el sentido de una decisión que adoptaría de no ser así, con el objetivo principal de beneficiarse de dicho régimen fiscal. De este modo, una empresa puede optar por desarrollar sus operaciones desde el extranjero en lugar de hacerlo en la jurisdicción nacional.

2.50   Al evaluar una jurisdicción en la que una empresa nacional pueda recuperar íntegramente el IVA local, una empresa extranjera que no tenga derecho a la recuperación, devolución o liberación del gravamen podría decidir, basándose principalmente en esa carga de IVA, bien por no desempeñar actividades (ventas, compras o actividades relacionadas como la producción o servicios de apoyo) en dicha jurisdicción o bien por reestructurar la cadena de suministro para así lograr una neutralidad fiscal que no conseguiría de otro modo.

2.51   A fin de evaluar la consistencia de las normas en materia de IVA con la Directriz 2.3, las decisiones empresariales relevantes al efecto serán aquellas relacionadas con operaciones transfronterizas, que pueden verse afectadas por la legislación sobre IVA, tales como:

- que una empresa decida si opera o no en una jurisdicción;
- si una empresa vende o no a clientes de una jurisdicción;
- si una empresa compra o no a proveedores de una jurisdicción;
- si una empresa subcontrata o no actividades como la producción, la fabricación u otros servicios de apoyo que serán desarrollados en una jurisdicción; y
- la forma en que una empresa estructurará su cadena de suministro o la utilización de intermediarios.

2.52   Por el contrario, las decisiones empresariales irrelevantes serán aquellas relacionadas con las operaciones desarrolladas en el ámbito interno, por ejemplo:

- decidir no comprar o vender artículos cuyo IVA sea objeto de alguna restricción para ser deducido (por ejemplo, en algunas jurisdicciones existen diferencias en función de si determinados artículos son comprados o arrendados);
- modificar productos o servicios para poder acogerse a un régimen fiscal diferente (por ejemplo, gravado, exento o sujeto a tasa cero); y
- aprovechar métodos simplificados para el cálculo de los impuestos adeudados que podrían estar a disposición de proveedores de menor tamaño.

D.4.4. Comentario sobre la Directriz 2.4

En lo concerniente al nivel impositivo, en la jurisdicción en la que se adeude o pague el impuesto, las empresas extranjeras no deben verse favorecidas ni desfavorecidas con respecto a las empresas nacionales.

2.53   La Directriz 2.2 aborda la equidad en el tratamiento de las empresas que se encuentren en situaciones similares y realicen operaciones similares. La Directriz 2.4 se ocupa de la equidad del tratamiento de las empresas extranjeras respecto a las nacionales en una jurisdicción, donde las primeras podrían asumir de otro modo una carga de IVA que no sería aplicable si fuesen nacionales o viceversa.

2.54   En el contexto de las Directrices y con respecto al nivel de IVA incurrido, la afirmación «en la jurisdicción en la que se adeude o pague el impuesto, las empresas extranjeras no deben verse favorecidas ni desfavorecidas frente a las empresas nacionales» debe entenderse en el sentido de que:

- la aplicación de las normas no debe discriminar a las empresas por el mero hecho de ser extranjeras;
- tampoco debe favorecer fiscalmente a estas frente a sus homólogas nacionales con respecto a la carga tributaria final que asumen; y
- si se respeta la Directriz 2.4, el IVA no debe distorsionar la competencia entre empresas nacionales y extranjeras[14].

2.55   Esta Directriz se ocupa de la aplicación final del IVA a las empresas. Las empresas extranjeras no deben incurrir en IVA no recuperable en comparación con las empresas nacionales, cualquiera sea el método utilizado para dicho fin, por ejemplo, mediante la aplicación del gravamen a tasa cero, mecanismos de devolución, entre otros. Tampoco será consistente con la presente Directriz que las empresas extranjeras disfruten de un beneficio fiscal, en relación a la carga impositiva final, al que no puedan

---

[14] Alemania ha formulado una reserva con respecto a este párrafo.

acogerse las empresas nacionales que actúen en circunstancias comparables. Se cumple la Directriz 2.4 cuando la legislación contempla la posibilidad de que las empresas extranjeras obtengan la devolución del impuesto o hagan uso de otro mecanismo de desgravación fiscal, de manera que no queden en una situación menos favorable que la de las empresas nacionales, pero tampoco más ventajosa.

D.4.5. Comentario sobre la Directriz 2.5

Las jurisdicciones pueden optar por diferentes mecanismos para garantizar que las empresas extranjeras no incurran en IVA no recuperable.

2.56   Se pueden utilizar diferentes mecanismos para garantizar que las empresas extranjeras no incurran en IVA no recuperable, por ejemplo y entre otros, los siguientes:

- aplicar una franquicia de IVA a las adquisiciones;
- permitir que las empresas extranjeras obtengan la devolución del impuesto mediante un régimen específico;
- permitir que las empresas extranjeras obtengan la devolución del IVA registrándose en el régimen local de dicho gravamen;
- trasladar la responsabilidad a clientes o proveedores registrados en el régimen local del IVA[15]; y
- expedir certificados de compras exentas[16].

2.57   Todos estos mecanismos tratan de garantizar que las empresas extranjeras no incurran en IVA no recuperable. No obstante, no se da preferencia a ninguno de estos mecanismos respecto a los demás. Es probable que cada método ofrezca ventajas en circunstancias concretas, puesto que cada uno trata de equilibrar los costos relativos de cumplimiento en que incurren las empresas (tanto proveedores locales como clientes extranjeros), por una parte, y los gastos administrativos y riesgos de evasión y elusión fiscal que enfrentan las autoridades tributarias, por otra. Las jurisdicciones pueden optar por aplicar una combinación de mecanismos diferentes según la naturaleza de los suministros de los que se trate. Por ejemplo, en el caso de algunos suministros, crear una franquicia puede resultar preferible a la devolución directa o el registro en el régimen del impuesto, porque elimina los costos de cumplimiento que les ocasiona a las empresas tener que reclamar la devolución. En otros casos, tal vez sea preferible una devolución o el registro en el régimen de IVA, por la dificultad que pueda suponer para el proveedor acreditar la condición y la ubicación del cliente.

2.58   Las jurisdicciones procurarán proteger sus bases impositivas contra la evasión y la elusión, y usarán todos los métodos razonables para lograr dicho objetivo. No obstante, la relación costo-efectividad es importante para todo mecanismo destinado a conseguir neutralidad fiscal, también en el caso de los regímenes de devolución y similares. Por lo tanto, las medidas que adopten las jurisdicciones para proteger su base impositiva han de ser proporcionales al objetivo de reducir al máximo posible los costos administrativos y de cumplimiento.

2.59   Por ejemplo, un sistema de devolución directa que exija un monto mínimo para la procedencia de las solicitudes de devolución cumplirá el objetivo de neutralidad en tanto en cuanto ese monto mínimo sea

---

[15] En algunos países se prevé un traslado de las responsabilidades de manera que a) un comprador pueda reclamar el impuesto cobrado a un proveedor no residente que no esté registrado en el régimen nacional del IVA o b) se puedan prestar servicios exentos de IVA a no residentes no registrados en el régimen del impuesto, aun cuando los servicios puedan estar estrechamente relacionados con un bien situado en territorio nacional, si el bien al que se refieren los servicios se entrega posteriormente a un operador dado de alta en el régimen del impuesto de ese país.

[16] Algunos países permiten que los compradores no residentes, que pueden estar dados de alta o no en el régimen nacional del impuesto, presenten un certificado de compras exentas para que el proveedor pueda operar con ellos sin cobrar el IVA. El proveedor asumirá la responsabilidad de conservar una copia del certificado de compras exentas en sus archivos para justificar la no aplicación del gravamen al operador no residente.

razonable y refleje una relación proporcional entre los costos administrativos que suponga tramitar la devolución y la cuantía de IVA recuperado. Por otra parte, un sistema de registro en el régimen del impuesto que no permita devoluciones a menos que los suministros imponibles se concreten en la jurisdicción local por la empresa no residente, puede no satisfacer adecuadamente el objetivo de neutralidad.

D.4.6. Comentario sobre la Directriz 2.6

Cuando se estimen necesarios requisitos administrativos específicos en relación con las empresas extranjeras, estos no deben constituir una carga de cumplimiento desproporcionada ni inapropiada para las empresas.

2.60   La situación de las empresas extranjeras ante la administración tributaria es diferente a la de sus homólogas nacionales. Por lo general, las empresas nacionales disponen de un lugar fijo de negocios desde el cual desarrollan sus actividades y en el que se encuentran los empleados y las personas de contacto en ese país, además de un banco local, contacto con las autoridades tributarias nacionales y formas diversas de identificación o inscripción en registros a cargo de organismos tales como la correspondiente Cámara de Comercio o Registro Mercantil. Sin embargo, es menos probable que las empresas extranjeras tengan presencia jurídica, empleados o contactos en el entorno local de un país que no es el suyo.

2.61   El hecho de carecer de este tipo de presencia y trayectoria en una determinada jurisdicción comporta inevitablemente un riesgo para las administraciones tributarias, respecto del cual podrían tener que adoptar medidas de protección contra prácticas de evasión o elusión. Por lo anterior, las jurisdicciones podrían tener que imponer el cumplimiento de requisitos específicos si los requisitos normales exigidos a las empresas nacionales no brindan una protección adecuada. Se alienta también a las administraciones tributarias a hacer uso de todos los instrumentos que tengan a su disposición para fomentar el intercambio de información y la asistencia mutua con respecto a la liquidación y el cobro de impuestos (por ejemplo, la *Convención Multilateral sobre Asistencia Administrativa Mutua en Materia Fiscal*).

2.62   Además, aquellas jurisdicciones que cuentan con un mecanismo de desgravación fiscal específico para empresas extranjeras también podrían aplicar requisitos y normas específicas en relación con dicho mecanismo.

2.63   Las Directrices sobre neutralidad admiten que los requisitos administrativos impuestos a empresas nacionales y extranjeras pueden no ser idénticos. Sin embargo, cuando las jurisdicciones decidan adoptar requisitos y normas específicas aplicables a las empresas extranjeras, deberán hacerlo de manera tal que minimice su repercusión sobre la neutralidad.

2.64   Básicamente, cuando existe un elemento que constituye una carga adicional de cumplimiento vinculada al desarrollo de una actividad empresarial en una jurisdicción extranjera, la carga que generan los requisitos administrativos específicos no debe ser desproporcionada ni tampoco inapropiada.

2.65   Un requisito o una combinación de requisitos pueden resultar desproporcionados o inapropiados si no guardan una correlación con la situación a la que se refieren o si no logran el propósito que corresponde cuando se evalúan y miden con respecto al objetivo que pretenden alcanzar. En otras palabras, en el contexto de las Directrices, dicho requisito o combinación de requisitos no debe ser desproporcionado ni inapropiado con respecto a cualquier riesgo adicional que importe tratar con una empresa extranjera.

2.66   Es preciso que exista un equilibrio adecuado entre las ventajas potenciales del requisito específico o una combinación de estos y la necesidad de prevenir una discriminación injustificada. En otras palabras, las prácticas (inspecciones o auditorías, el tiempo necesario para realizar una devolución, entre otras) o normas específicas aplicables a empresas extranjeras no deben dar lugar a una discriminación encubierta y deben atenerse además a los principios rectores expuestos en el Recuadro 2.1.

2.67   Por ejemplo, si una administración tributaria exige un aval bancario, su cuantía y duración no deben ser desproporcionadas en relación al importe de la devolución solicitada. Del mismo modo, cuando se exige documentación para justificar una solicitud de devolución del impuesto (posiblemente en el idioma del país en el que se presenta la solicitud), esta debe limitarse a los documentos necesarios para determinar su validez. Asimismo, también debe tenerse en cuenta el tiempo que toma realizar la devolución y la carga que ello supone para el flujo de efectivo.

2.68   Las administraciones tributarias incurrirán además en costos administrativos al gestionar desgravaciones fiscales específicas a las que puedan acogerse las empresas extranjeras (por ejemplo, un mecanismo de devolución). Cuando se exija una cuantía mínima o *de minimis*, esta no deberá impedir en la práctica el uso del mecanismo.

2.69   Pese a que el concepto de requisitos administrativos específicos para empresas extranjeras suele interpretarse en el sentido de requisitos adicionales y más complejos, ello no siempre ocurre así. En algunos casos, las administraciones tributarias pueden establecer un régimen de cumplimiento fiscal simplificado específico para empresas extranjeras. Algunos ejemplos son disposiciones para aplicar franquicias de IVA a los suministros destinados a empresas extranjeras, así como procedimientos simplificados de registro y declaración para este tipo de empresas.

2.70   Por último, los regímenes simplificados o los requisitos administrativos específicos que adopte un grupo de países sujetos a un marco jurídico común en materia de impuestos al consumo pueden ser diferentes de los aplicables a empresas de otros países. No obstante, tal como se indica en el párrafo 2.31, esta diferencia de trato no debe considerarse como incompatible con la Directriz 2.6.

Capítulo 3
Determinación del lugar de imposición de los suministros transfronterizos de servicios e intangibles

A. El principio de destino

3.1   La neutralidad en materia de IVA en las operaciones de comercio internacional se consigue generalmente mediante la aplicación del «principio de destino». Tal como se explica en el Capítulo 1, el principio de destino se ha concebido para garantizar que, en última instancia, los suministros transfronterizos se graven en la jurisdicción en la que tenga lugar el consumo final, manteniendo así la neutralidad del régimen de IVA aplicado a las operaciones comerciales internacionales. Este principio se establece en la Directriz 3.1.

Directriz 3.1

A los efectos de los impuestos al consumo, los servicios e intangibles comercializados internacionalmente deben gravarse de acuerdo con las normas de la jurisdicción de consumo.

3.2   Para aplicar el principio de destino a los servicios e intangibles comercializados internacionalmente, los sistemas de IVA deben disponer de mecanismos para identificar la jurisdicción de consumo, vinculando dichos suministros a la jurisdicción en la que se prevea que tenga lugar el consumo final. Los regímenes de IVA requieren normas relativas al lugar de imposición destinadas a aplicar el principio de destino no solo en relación con las operaciones de empresa a consumidor, que representen un consumo final, sino también con respecto a las operaciones de empresa a empresa, aunque dichos suministros no constituyan en sí mismos un consumo final. Las operaciones de empresa a empresa se gravan de acuerdo con el procedimiento recaudatorio plurifásico del IVA y, en dicho contexto, las normas relativas al lugar de imposición deben contribuir a la consecución del objetivo último del impuesto, es decir, gravar el consumo final. Estas Directrices exponen métodos recomendados que siguen el principio de destino para determinar el lugar de imposición de los suministros transfronterizos de servicios e intangibles en operaciones de empresa a consumidor, y también entre empresas exclusivamente.

3.3   Es necesario establecer normas relativas al lugar de imposición para los suministros de bienes y también para los suministros de servicios e intangibles. Resulta más sencillo aplicar el principio de destino en el marco del comercio transfronterizo de bienes, debido a la existencia de controles fronterizos o fronteras fiscales. En cambio, la aplicación de dicho principio en el ámbito del comercio internacional de servicios e intangibles es más compleja, puesto que, dada su naturaleza, los servicios e intangibles no pueden someterse a los mismos controles fronterizos que los bienes. Por lo anterior, las Directrices incluidas en este Capítulo se centran en los suministros de servicios e intangibles[17]. Así, presentan métodos recomendados que siguen el principio de destino para determinar la jurisdicción de imposición de los suministros internacionales de servicios e intangibles, garantizando al mismo tiempo que:

- se mantenga la neutralidad internacional;
- el cumplimiento por parte de las empresas que participen en dichas operaciones resulte lo más sencillo posible;
- se ofrezca claridad y certeza tanto a empresas como a administraciones tributarias;
- los costos que comporte la satisfacción del impuesto y su administración sean mínimos; y
- las medidas de protección contra la evasión y la elusión sean suficientemente sólidas.

---

[17] En el contexto de las presentes Directrices, un suministro de servicios o intangibles a efectos de IVA se produce allí donde una parte incurre en alguna acción o realiza la entrega de algún elemento (que no sea un bien tangible) a otra parte o se abstiene de realizar alguna acción para un tercero, a cambio de una contraprestación. Es preciso admitir que un suministro de servicios o intangibles en un país en ocasiones puede considerarse como un suministro de bienes (o algún otro tipo de suministro) en otro país. De ser así y pese a que estas Directrices solo se ocupan de suministros de servicios e intangibles, se alienta a los países a velar por que las normas destinadas a identificar el lugar de imposición de dichos suministros conduzcan a un resultado compatible con estas Directrices.

3.4   No debe entenderse que este Capítulo exige a las jurisdicciones incorporar literalmente en su legislación nacional las Directrices sobre determinación del lugar de imposición como normas jurídicas. El propósito de las Directrices es identificar objetivos comunes y sugerir medios para alcanzarlos con miras a promover una aplicación sistemática del principio de destino para determinar el lugar de imposición de los suministros de servicios e intangibles. Los sistemas de IVA alrededor del mundo recurren a diferentes modelos para estructurar y formular las normas relativas al lugar de imposición. Muchos regímenes se basan en un método de clasificación, en el que los suministros se dividen en categorías y se especifica el lugar de imposición que corresponde a cada una de ellas. Otros modelos se decantan por un planteamiento iterativo, según el cual el principio que subyace a la norma sobre lugar de imposición se describe en términos más generales y se aplican de manera consecutiva una serie de reglas para determinar el lugar de imposición adecuado. Estas discrepancias en el estilo de formulación de la legislación no suelen ser absolutas y pueden encontrarse elementos de ambos sistemas en los dos modelos. El rasgo principal que tienen en común los diferentes modelos de diseño del IVA es que, por lo general, persiguen la aplicación del principio de destino, según el cual el objetivo de las normas relativas al lugar de imposición es que el impuesto se aplique en el lugar de consumo. Estas Directrices procuran facilitar la aplicación consistente de las normas sobre el lugar de imposición, promoviendo una interpretación internacionalmente aceptada de cuál es el lugar de imposición de los servicios e intangibles comercializados internacionalmente y estableciendo métodos uniformes y efectivos para determinarlo, en aras de reducir al máximo la incerteza, los riesgos recaudatorios, los costos de cumplimiento y las cargas administrativas, tanto para las empresas como para las autoridades tributarias.

3.5   Los mecanismos que utilizan los sistemas de IVA para llevar a la práctica el principio de destino en las operaciones de empresa a empresa y los métodos de recaudación del impuesto utilizados con respecto a dichas operaciones suelen diferir de los utilizados en las operaciones de empresa a consumidor. Esta diferencia obedece a los distintos objetivos de imposición de las operaciones de empresa a empresa respecto de las operaciones de empresa a consumidor, ya que en estas últimas se impone una carga tributaria final, mientras que en las primeras la imposición es un mero instrumento para lograr el objetivo último del impuesto, es decir, gravar el consumo final. Por lo anterior, el objetivo de las normas relativas al lugar de imposición aplicables a las operaciones de empresa a empresa es, principalmente, facilitar la imposición de la carga tributaria al consumidor final en el país que corresponda y mantener, al mismo tiempo, la neutralidad del sistema de IVA. En consecuencia, las normas relativas al lugar de imposición correspondientes a operaciones de empresa a empresa deben atender no solo al lugar en el que el cliente utilizará sus compras para producir los bienes, servicios o intangibles que adquirirán los consumidores finales, sino también a que se facilite el traslado de la carga tributaria al consumidor final, manteniendo asimismo la neutralidad del régimen de IVA. Por otra parte, el objetivo primordial de las normas relativas al lugar de imposición aplicables a las operaciones de empresa a consumidor es predecir, teniendo en cuenta las dificultades prácticas, el lugar en el que el consumo de los servicios o intangibles objeto de la operación probablemente ocurrirá por parte del consumidor final. Además de los diferentes objetivos de las normas relativas al lugar de imposición aplicables a las operaciones de empresa a consumidor y a las operaciones de empresa a empresa, los sistemas de IVA suelen recurrir a distintos mecanismos para aplicar y recaudar el impuesto correspondiente a estos dos tipos de operaciones. Dichos mecanismos de recaudación dispares con frecuencia influyen en el diseño de las normas sobre lugar de imposición y también en las obligaciones que han de cumplir los proveedores y los clientes que participan en operaciones transfronterizas. Habida cuenta de tales consideraciones, en este Capítulo se presentan Directrices diferenciadas para determinar el lugar de imposición de las operaciones de empresa a empresa y de las operaciones de empresa a consumidor. No obstante, esta diferenciación no deberá interpretarse como una recomendación para que las jurisdicciones establezcan normas distintas o apliquen mecanismos diferentes a cada uno de estos tipos de operaciones en su legislación nacional.

3.6   En teoría, las normas relativas al lugar de imposición deben tratar de identificar, en el caso de las operaciones de empresa a empresa, el lugar en el que efectivamente se ha producido el uso por parte de la empresa (bajo el presupuesto que esta es la mejor manera de facilitar la aplicación del principio de destino) y, en el caso de las operaciones de empresa a consumidor, el lugar en el que efectivamente ha tenido lugar el consumo final. Sin embargo, estas Directrices reconocen que, en la práctica, las normas relativas al lugar de imposición rara vez tratan de identificar el lugar en el que se produce realmente el uso empresarial o el consumo final. Tal circunstancia se debe a que el IVA, en principio, debe cobrarse en el momento mismo o incluso antes de que el objeto de la operación se ponga a disposición para su uso empresarial o para su consumo final. En la mayor parte de los casos, en dicha oportunidad el proveedor desconocerá o no podrá precisar de forma efectiva dónde tendrá lugar dicho uso empresarial o el consumo final. Por lo anterior, en general, los regímenes de IVA recurren a indicadores (en inglés, "*proxies*") del lugar de uso empresarial o consumo final para determinar la jurisdicción de imposición, tomando como base las particularidades de la operación que se conocen o podrían conocerse en el momento en que deba determinarse el tratamiento fiscal que se dará al suministro. Las Directrices de este Capítulo identifican esos indicadores para determinar el lugar de imposición de los suministros de servicios e intangibles, tanto en operaciones de empresa a empresa como en operaciones de empresa a consumidor.

3.7   Para efectos de las presentes Directrices, se considera que las operaciones de empresa a empresa constituyen suministros en los que tanto el proveedor como el cliente tienen la consideración de empresa, y las operaciones de empresa a consumidor constituyen suministros en los que el cliente no se considera empresa. Dicha consideración puede incluir el tratamiento a efectos de IVA específicamente o, de manera más general, en la legislación nacional (en particular, en jurisdicciones que no hayan introducido este impuesto).

3.8   Se alienta a las jurisdicciones que utilicen métodos diferentes para determinar el lugar de imposición y/o distintos mecanismos de recaudación en relación con las operaciones de empresa a empresa y con las operaciones de empresa a consumidor a facilitar orientaciones prácticas claras sobre la forma en que los proveedores pueden establecer la condición de sus clientes (es decir, determinar si son una empresa o no). Las jurisdicciones pueden plantearse la adopción de un requisito que obligue a los proveedores a utilizar el número de registro de IVA del cliente, un número de identificación fiscal de empresa u otros indicios de este tipo (por ejemplo, información disponible en registros mercantiles) para determinar de qué tipo de cliente se trata. Si un proveedor, actuando de buena fe y tras haber realizado esfuerzos razonables, no puede obtener la documentación correspondiente que acredite la condición de su cliente, podrá presumirse que dicho cliente no es una empresa, en cuyo caso serán aplicables las normas para operaciones de empresa a consumidor. A fin de facilitar la identificación y verificación por parte de los proveedores de la condición de sus clientes, se recomienda a las jurisdicciones considerar la introducción de un proceso fácil de realizar que permita a los proveedores comprobar la validez de los números de identificación fiscal o registro de IVA de sus clientes. En el supuesto de que las jurisdicciones no distingan entre operaciones de empresa a empresa y operaciones de empresa a consumidor, con respecto a la totalidad o parte de los tipos de servicios, podrá prescindirse de dichas orientaciones.

B. Operaciones de empresa a empresa – La regla general

B.1. Definición de la regla general

Directriz 3.2

Para la aplicación de la Directriz 3.1, en el caso de las operaciones de empresa a empresa, los derechos de imposición sobre los servicios o intangibles comercializados internacionalmente corresponden a la jurisdicción en la que se encuentra el cliente.

3.9   En general, cuando una empresa adquiere servicios o intangibles en otra jurisdicción, lo hace con el objeto de utilizarlos en sus operaciones comerciales. Por lo tanto, puede tomarse la jurisdicción en la que se encuentra el cliente como el indicador apropiado de la jurisdicción de uso empresarial, ya que así se cumple el objetivo de neutralidad mediante la aplicación del principio de destino. Esta es la jurisdicción en la que el cliente tiene una presencia comercial permanente.

3.10   Estas Directrices se refieren a este indicador como la regla general aplicable a operaciones de empresa a empresa, por contraposición a las reglas específicas que señalan las Directrices 3.7 y 3.8. Según esta regla general, la jurisdicción donde está situado el cliente ostenta los derechos de imposición sobre los suministros transfronterizos de servicios o intangibles. La operación se libera de IVA en la jurisdicción del proveedor, pero este conserva el derecho a deducir íntegramente (con sujeción a las excepciones que claramente legisle tal jurisdicción) el impuesto soportado sobre los insumos relacionados con la realización de dichas operaciones internacionales. El lugar de imposición solo debería apartarse de lo establecido por esta regla general cuando concurran circunstancias excepcionales y claramente especificadas[18].

3.11   En este y en los siguientes apartados se proporcionan recomendaciones adicionales sobre cómo determinar la jurisdicción en la que está establecido un cliente.

Directriz 3.3

Para la aplicación de la Directriz 3.2, la identidad del cliente se determina normalmente consultando el acuerdo comercial.

3.12   En virtud de lo dispuesto por la Directriz 3.3, la identidad del cliente «se determina normalmente consultando el acuerdo comercial», pues cabe esperar que en los acuerdos comerciales se ponga de manifiesto la operación subyacente. El acuerdo comercial ayudará al proveedor, al cliente y a las administraciones tributarias a identificar la naturaleza de la operación y también las partes que intervienen en ella. Cuando las operaciones tengan lugar entre entidades jurídicas diferentes con un único establecimiento, la ubicación del cliente se conocerá después de haber determinado su identidad[19]. En primer lugar, conviene definir el término «acuerdo comercial» a los efectos de las presentes Directrices y explicar cómo las administraciones tributarias y las empresas pueden abordar la determinación del acuerdo comercial.

---

[18] Véase la Directriz 3.7.

[19] Cuando la operación se concluye con una persona jurídica que posee establecimientos en más de una jurisdicción (una «entidad con establecimientos en múltiples jurisdicciones o empresas multilocalizadas», «EML»), es necesario realizar un análisis complementario para determinar a cuál de las jurisdicciones en las que tiene establecimientos la EML le corresponden los derechos de imposición sobre el servicio o intangible adquirido por la EML. Véase el apartado B.3 siguiente.

3.13   En estas Directrices, se ha adoptado el uso del término «acuerdo comercial» por tratarse de un concepto general, sin un significado técnico, y no corresponder específicamente a ninguna jurisdicción concreta. Dicho término en particular no se limita a contratos (ya sean por escrito o en cualquier otro formato) y, por lo tanto, ha de interpretarse de manera extensiva, tal como se explica a continuación.

3.14   Para determinar el lugar de imposición bajo la regla general, es preciso acreditar la naturaleza de la operación y la identidad de proveedor y cliente.

3.15   En muchos casos, especialmente en el de las operaciones en las que se manejan altas sumas de dinero o que comportan cuestiones complejas más allá del mero suministro, puede ocurrir que las partes de un acuerdo comercial redacten contratos legalmente vinculantes. Por lo general, en dichos contratos estarán especificadas las partes del acuerdo comercial y se establecerán los derechos y obligaciones que respectivamente corresponden a estas. No obstante, los contratos en sí no deben considerarse los únicos elementos relevantes de un acuerdo comercial.

3.16   Así pues, existen otros elementos relevantes del acuerdo comercial que pueden revestir diferentes formas, tales como correspondencia en general, órdenes de compra, facturas, instrumentos de pago y recibos. Las prácticas comerciales y la legislación de las jurisdicciones siempre varían y las diferencias observadas no suelen deberse a motivos fiscales sino que pueden estar relacionadas con la legislación nacional en materia contractual y otras prescripciones comerciales. También pueden observarse disparidades entre los distintos sectores industriales. Por lo tanto, no es posible ni deseable elaborar una relación exhaustiva ni prescriptiva de los elementos que deben estar presentes en un acuerdo comercial. Estas Directrices sugieren, en cambio, fuentes de información que pueden resultar útiles tanto a las administraciones tributarias como a las empresas.

3.17   Un acuerdo comercial no tiene que limitarse necesariamente a un instrumento escrito. En determinados sectores, pueden encontrarse elementos relevantes en forma de grabaciones de audio de conversaciones telefónicas que derivan en la conclusión de acuerdos para suministrar o recibir servicios o intangibles. También se pueden encontrar elementos relevantes de un acuerdo comercial en formato electrónico, entre otros correos electrónicos y registros de pedidos en línea, así como métodos y materiales de pago y similares que pueden generarse como consecuencia del desarrollo de nuevas tecnologías.

3.18   Los acuerdos comerciales no suelen concluirse de manera aislada. En consecuencia, otros acuerdos, entre ellos los que no se tienen por acuerdos comerciales (por ejemplo, los no referidos a suministros[22]), pueden aportar información contextual sobre las operaciones llevadas a cabo al amparo

---

[20] En estas Directrices, los acuerdos que no comporten suministro alguno a efectos fiscales no se considerarán «acuerdos comerciales».

[21] No obstante, cabe admitir que, en ocasiones, pueden concluirse operaciones sin que medie un entendimiento mutuo, por ejemplo, cuando una o más partes han de cumplir una serie de obligaciones por imperativo judicial. En estos casos, el pacto «de obligado cumplimiento» también deberá considerarse un «acuerdo comercial».

[22] Un ejemplo sería el Contrato de Centralización de Compras del ejemplo 3 y el Acuerdo Marco de los ejemplos 4 y 5 del Anexo I de este Capítulo.

de un acuerdo comercial concreto. Por lo tanto, estos otros acuerdos también pueden formar parte de los elementos relevantes de un acuerdo comercial.

3.19   Habida cuenta de lo expuesto en los párrafos anteriores, el acuerdo comercial en vigor en el momento en que tenga lugar la operación será el acuerdo por el que se rija la aplicación de la regla general.

3.20   Para reducir las cargas que asumen en la práctica tanto las administraciones tributarias como las empresas, se recomienda a las jurisdicciones aplicar las Directrices 3.2 y 3.3 de manera coherente con los párrafos anteriores. En la medida de lo posible, se alienta a las administraciones tributarias a efectuar comunicaciones al respecto, junto con las leyes nacionales pertinentes, de la manera más clara y amplia posible.

B.2. Aplicación de la regla general - Suministro de un servicio o intangible a una persona jurídica con un solo establecimiento («entidad con establecimiento en una única jurisdicción» – entidad con establecimiento único o «EEU»)

3.21   *A priori*, resulta relativamente sencillo aplicar la regla general a las operaciones de empresa a empresa destinadas a personas jurídicas[23] con establecimiento en una única jurisdicción («entidades con establecimiento único» – «EEU»). En el comentario del apartado B.4 se pueden consultar más consejos prácticos al respecto.

B.3. Aplicación de la regla general - Suministro de un servicio o intangible a una persona jurídica con establecimientos en múltiples jurisdicciones («empresas multilocalizadas» – «EML»)

3.22   Cuando la operación se concluye con una persona jurídica que posee establecimientos[24] en más de una jurisdicción (una «entidad con establecimientos en múltiples jurisdicciones o empresas multilocalizadas», «EML»), es necesario realizar un análisis para determinar a cuál de las jurisdicciones en las que tiene establecimientos la EML le corresponden los derechos de imposición sobre el servicio o intangible por ella adquirido.

3.23   En tal caso, se recomienda a las jurisdicciones aplicar un método que garantice el devengo del impuesto en favor de la jurisdicción en la que se encuentre el establecimiento del cliente que se considere usuario del servicio o intangible.

Directriz 3.4

Para la aplicación de la Directriz 3.2, cuando un cliente posea establecimientos en más de una jurisdicción, los derechos de imposición corresponderán a aquella o aquellas en las que se encuentren ubicados el o los establecimientos que hagan uso del servicio o intangible.

---

[23] El término «personas jurídicas» puede abarcar personas físicas e instituciones no mercantiles, tales como las administraciones públicas, organizaciones sin ánimo de lucro y otras entidades. La clave reside en que la legislación nacional considere a dichas entidades o algunas de sus actividades como «empresas». Dicha consideración puede incluir el tratamiento a efectos de IVA específicamente o, de manera más general, en la legislación nacional (en particular, en jurisdicciones que no hayan introducido este impuesto). Véase también el apartado 3.7.

[24] En las presentes Directrices, se presume que un establecimiento consiste en un lugar fijo de negocios con un nivel de infraestructura suficiente en cuanto a personal, sistemas y activos, para poder percibir o realizar suministros. A los efectos de las presentes Directrices, el registro en el régimen nacional del IVA no equivale *per se* a tener un establecimiento en el país del que se trate. Se alienta a los países a hacer pública la tipificación del concepto de «establecimiento» en su legislación nacional sobre IVA.

3.24   En este contexto, hacer «uso de un servicio o intangible»[25] se refiere a que una empresa lo utilice para sus actividades económicas. Resulta irrelevante si es un uso inmediato, continuo, directamente vinculado a una operación en particular o si contribuye de manera general a las actividades de la empresa.

3.25   En la actualidad, las jurisdicciones emplean diferentes métodos posibles para identificar qué establecimiento del cliente se considera usuario de un servicio o intangible y dónde se encuentra ubicado. Pueden distinguirse las siguientes categorías generales:

- El planteamiento basado en el uso directo, que atiende directamente al establecimiento que hace uso del servicio o intangible.
- El planteamiento basado en la entrega directa, que atiende al establecimiento al que se presta el servicio o se entrega el intangible.
- El método de repercusión, que atiende al establecimiento que hace uso del servicio o intangible, determinado tomando como base los acuerdos internos de repercusión o reparto de costos dentro de la propia EML, concluidos con arreglo a los requisitos del impuesto de sociedades, la normativa contable u otros requerimientos regulatorios.

3.26   Cada uno de los planteamientos descritos anteriormente trata de garantizar que el derecho a gravar el suministro de un servicio o intangible a una EML le corresponda a la jurisdicción en la que se encuentre el establecimiento del cliente que se considere usuario del servicio o intangible. Es probable que todos estos mecanismos ofrezcan ventajas en circunstancias particulares. El principio subyacente a todo planteamiento debe ser equilibrar adecuadamente los intereses de las empresas (tanto proveedores como clientes) con los de las administraciones tributarias.

B.3.1. Uso directo

3.27   De acuerdo con este planteamiento, los derechos de imposición del suministro de un servicio o intangible a una EML se adjudican directamente a la jurisdicción en la que se encuentra el establecimiento del cliente que se considera usuario de este servicio o intangible.

3.28   Este mecanismo puede ser especialmente eficaz en circunstancias en las que el uso por un establecimiento de la EML cliente resulta evidente. Por lo tanto, es relativamente sencillo para proveedor y cliente garantizar que así quede adecuadamente reflejado en el acuerdo comercial. En tales circunstancias, tanto el proveedor como el cliente contarán con la información necesaria para justificar la aplicación del régimen fiscal adecuado en el momento de la operación, constituyendo el acuerdo comercial una prueba documental apropiada en caso de inspección por las autoridades tributarias.

3.29   Este mecanismo puede ser más difícil de aplicar en circunstancias en las que el proveedor desconozca, y tal vez no tenga modo de saber, qué establecimiento del cliente usa el suministro, o en los casos en que en el momento de celebrarse el acuerdo comercial no se sepa con certeza cuál será el uso efectivo. Este planteamiento podría no resolver adecuadamente las situaciones en las que el servicio o intangible sea utilizado por distintos establecimientos en jurisdicciones diferentes («uso múltiple»). En tales casos, este mecanismo puede generar dificultades de cumplimiento considerables a proveedores y clientes, y puede incidir en la eficiencia de la administración tributaria y la recaudación.

---

[25] El «uso de un servicio o intangible» en este contexto difiere del concepto de «uso y disfrute» existente en algunas legislaciones nacionales, el cual puede referirse al uso real por parte de un cliente en una jurisdicción, independientemente de que el cliente cuente con establecimiento alguno en la misma. Véase también el apartado D. sobre el uso de normas específicas para determinar el lugar de imposición.

B.3.2. Entrega directa

3.30   De acuerdo con este planteamiento, los derechos de imposición del suministro de un servicio o intangible a una EML se adjudican directamente a la jurisdicción en la que se encuentra el establecimiento del cliente al que el proveedor preste el servicio o entregue el intangible.

3.31   El planteamiento basado en la «entrega directa» puede constituir una solución eficaz para suministros de servicios o intangibles que puedan ser utilizados en el lugar en el que se encuentre el establecimiento al que se prestan o entregan («suministros presenciales», como por ejemplo servicios de *catering* o de capacitación presencial). En estos supuestos, es probable que tanto el proveedor como el cliente conozcan, en el momento de la operación, la ubicación del establecimiento al que se efectúa la entrega directa y puedan ponerlo de manifiesto en el acuerdo comercial. Por lo tanto, proveedor y cliente contarán con la información necesaria para justificar la aplicación del régimen fiscal apropiado en el momento de la operación y el acuerdo comercial constituiría una prueba documental adecuada en caso de inspección por las autoridades tributarias.

B.3.3. El método de repercusión

3.32   Este planteamiento requiere que las EML repercutan internamente el costo de un servicio o intangible adquirido externamente a aquellos de sus establecimientos que lo utilicen, circunstancia que se acreditará mediante acuerdos internos de repercusión o reparto de costos. Según dicho método, esta repercusión de costos interna se tomará como base para la adjudicación de los derechos de imposición sobre el servicio o intangible externo a favor de la jurisdicción en la que se encuentra el establecimiento de la EML usuario del mismo. Pueden consultarse más recomendaciones e información sobre este planteamiento en el Comentario del siguiente apartado B.5.

3.33   Este mecanismo puede resultar útil en casos en los que un establecimiento de una EML adquiera un servicio o intangible por un proveedor externo para que lo usen total o parcialmente otros establecimientos de la EML situados en jurisdicciones diferentes («uso múltiple»). No es infrecuente que empresas multinacionales se organicen para adquirir de forma centralizada una amplia gama de servicios, entre otros administrativos, técnicos, financieros y comerciales, con la finalidad de alcanzar economías de escala. Lo habitual es que el costo de adquisición de dicho activo intangible y/o servicio lo soporte inicialmente el establecimiento que lo ha adquirido y, de acuerdo con la práctica comercial común, posteriormente se refacture a los establecimientos que lo utilicen. Los establecimientos asumen la parte del servicio o intangible que les corresponde en virtud de los acuerdos internos de reparto de costos, con arreglo al impuesto sobre sociedades, las exigencias contables y otras disposiciones regulatorias.

3.34   Sin embargo, podría resultar difícil, cuando no imposible, que ante tal supuesto de uso múltiple, un proveedor sepa qué establecimientos de la EML usarán efectivamente el servicio o intangible suministrado a dicha EML para poder garantizar el uso del régimen de IVA correcto en función de la ubicación de los establecimientos usuarios (véase el anterior apartado 3.29). Aun cuando el proveedor conozca el lugar de uso del servicio o intangible suministrado a la EML, puede resultar complejo, en particular en casos de uso múltiple, aplicar y administrar un régimen según el cual la decisión de imposición del proveedor dependa de la ubicación de los establecimientos usuarios.

3.35   El método de repercusión puede resolver eficazmente la identificación del lugar de imposición del suministro de un servicio o intangible a una EML, en particular en casos de uso múltiple. De acuerdo con este método, el proveedor se amparará en el acuerdo comercial con la EML para justificar la aplicación del régimen de IVA correcto a la operación con la EML. Corresponderá a la EML cliente velar por que se aplique a este servicio o intangible el régimen de IVA correcto, en función del reparto interno de los costos que se realice entre los establecimientos usuarios del mismo. Para ello se recurrirá a procesos empresariales e información existentes que generalmente ya estarán disponibles a efectos de contabilidad, fiscalización y otros fines regulatorios, por lo que dicho trámite no generará cargas de cumplimiento excesivas. Estos procesos e información también deberán facilitar la presentación de pruebas fiables y relevantes en caso de inspección por las autoridades tributarias.

3.36   Las jurisdicciones que se planteen aplicar el método de recarga pueden tener que abordar una serie de cuestiones que pueden resultar complejas en relación con dicho método, entre otras las relacionadas con su ámbito de aplicación, los métodos aceptables para la correcta asignación de las bases imponibles a los establecimientos usuarios y la oportunidad de la repercusión de los costos, la incidencia de las repercusiones internas de costos en el derecho a deducir el IVA soportado y aspectos relacionados con los requisitos de documentación y los trámites para declarar cualquier impuesto que corresponda sobre las repercusiones de costos internos. También puede ocurrir que las jurisdicciones deban tener en cuenta las preocupaciones de las administraciones tributarias, entre ellas el incremento del número de operaciones que podrían ser objeto de inspección o auditoria como resultado de los acuerdos internos de reparto de costos. Se exhorta a aquellas jurisdicciones que se planteen aplicar este mecanismo a tener debidamente en cuenta tales inquietudes y proveer orientaciones claras sobre el funcionamiento de dicho método. El Comentario del siguiente apartado B.5 analiza algunos de estos aspectos de manera más pormenorizada.

B.3.4. Conclusión

3.37   Todos los planteamientos descritos anteriormente tratan de garantizar el devengo del impuesto sobre el suministro de un servicio o intangible a una EML en favor de la jurisdicción en la que se encuentre el establecimiento del cliente que hace uso del servicio o intangible. Estas Directrices no tienen por objeto señalar el planteamiento al que deberá darse preferencia ni tampoco descartar otros distintos, pues cada uno de ellos puede ofrecer beneficios concretos en circunstancias determinadas. Tampoco se trata de planteamientos mutuamente excluyentes, sino que pueden combinarse en función de la información de la que dispongan proveedor y cliente. Corresponde a las jurisdicciones adoptar el planteamiento o planteamientos que consideren oportunos, teniendo en cuenta sus prácticas y marcos jurídicos y administrativos.

3.38   *A priori*, todo planteamiento deberá:

*   tratar de garantizar el devengo del impuesto sobre el suministro de un servicio o intangible a una EML en favor de la jurisdicción o jurisdicciones en las que se encuentre el establecimiento o establecimientos del cliente usuarios del servicio o intangible; y

*   compatibilizar adecuadamente los intereses de las empresas (tanto proveedores como clientes) y de las administraciones tributarias.

3.39   Se exhorta a las jurisdicciones a buscar un equilibrio adecuado entre los objetivos consistentes en proteger la recaudación de impuestos y reducir al máximo los costos de cumplimiento y administrativos, minimizando además las distorsiones en materia de competencia. Asimismo, se recomienda a las jurisdicciones facilitar información clara, accesible y fiable para incrementar la certeza y asegurar la aplicación del régimen de IVA correcto al suministro de servicios o intangibles a una EML, tanto por parte del proveedor como del cliente.

3.40   El principal objetivo de estas Directrices es reducir la incerteza y los riesgos de doble imposición y de no imposición involuntaria por una falta de coherencia en la aplicación del IVA a operaciones de comercio internacional. Por lo tanto, se exhorta a las jurisdicciones a adoptar un planteamiento que reduzca al máximo las posibilidades de doble imposición y no imposición involuntaria. Cuantas más jurisdicciones adopten el mismo planteamiento, más disminuirán la complejidad, la incerteza y los riesgos de doble imposición y no imposición involuntaria.

B.4. Comentario sobre la aplicación de la regla general - Suministro de un servicio o intangible a una persona jurídica con un solo establecimiento («entidades con establecimiento único» – «EEU»)

3.41   A los efectos del presente apartado, se presume que las empresas a las que se aplica la regla general son personas jurídicas diferentes, estén relacionadas o no mediante propiedad común. Estas personas jurídicas solo se encuentran establecidas en sus respectivas jurisdicciones y no tienen presencia comercial en ningún otro lugar.

3.42   Según la regla general para operaciones de empresa a empresa, el lugar en el que está ubicado el cliente sirve como indicador de la jurisdicción de uso empresarial. El resultado de aplicar esta regla general es que la jurisdicción donde se encuentra ubicado el cliente ostenta los derechos de imposición sobre los suministros transfronterizos de servicios e intangibles.

3.43   Para facilitar la aplicación satisfactoria de la regla general a las entidades con establecimiento en una única jurisdicción, en este apartado se plantea su aplicación desde las perspectivas del proveedor, el cliente y las administraciones tributarias. Los ejemplos 1 y 2 del Anexo I de este Capítulo presentan casos hipotéticos relativamente sencillos que ilustran el funcionamiento de esta regla general. Los ejemplos 3, 4 y 5 del Anexo I ofrecen ejemplos sobre la aplicación de esta regla general en situaciones más complejas.

B.4.1. Suministros a entidades con establecimiento en una única jurisdicción - Proveedor

3.44   En las operaciones de empresa a empresa, parece razonable suponer que los proveedores habrán entablado normalmente una relación con sus clientes. Así ocurrirá, en particular, cuando los suministros de servicios o intangibles tengan continuidad en el tiempo o cuando se efectúe un suministro cuyo valor sea lo suficientemente importante para que esté justificada la celebración de acuerdos comerciales, por ejemplo, mediante la suscripción de un contrato.

3.45   La consecuencia principal que tiene la aplicación de la regla general para los proveedores es que estos tendrán que identificar y poder acreditar quién es su cliente para acogerse a la franquicia de IVA en su jurisdicción cuando el cliente se encuentre establecido fuera de esta. Una vez que acreditado que el cliente es una empresa y que se encuentra en otra jurisdicción, el proveedor procede al suministro libre de IVA en su jurisdicción pues, de acuerdo con la regla general, los derechos de imposición sobre dicha operación corresponden a la jurisdicción en la que se encuentra el cliente.

3.46   En muchos casos, esto resultará claro y podrá determinarse consultando el acuerdo comercial. La naturaleza del servicio o intangible que se va a suministrar y el texto de cualquier documentación justificativa también puede resultar útil para verificar el carácter internacional y empresarial del suministro.

3.47   A fin de no imponer cargas innecesarias a los proveedores, es recomendable que sea el cliente el obligado a declarar el impuesto que corresponda. Para ello, se puede utilizar el mecanismo de inversión del sujeto pasivo (denominado en ocasiones «desplazamiento de la imposición» o «autoliquidación») cuando ello resulte compatible con el diseño general del sistema nacional de impuestos al consumo[26]. En consecuencia, el proveedor no debería quedar obligado a identificarse a efectos de IVA ni a declarar el impuesto en la jurisdicción del cliente.

---

[26] A los efectos de estas Directrices, el mecanismo de «inversión del sujeto pasivo» es un mecanismo fiscal que traslada la obligación de liquidar el impuesto desde el proveedor al cliente. Si el cliente tiene derecho a la deducción íntegra del impuesto soportado con motivo de la adquisición, puede ocurrir que la norma nacional en materia de IVA no exija la aplicación del mecanismo de inversión del sujeto pasivo. Por lo tanto, se invita a las administraciones tributarias a hacer pública la metodología empleada.

3.48   La regla general se aplica en toda situación en la que proveedor y cliente sean personas jurídicas diferentes, independientemente de que estén vinculadas o no mediante alguna forma de propiedad, gestión o control común.

3.49   La aplicación de la regla general no se verá afectada por la circunstancia de que el proveedor (i) abastezca a un cliente que posteriormente suministre los servicios o intangibles a un tercero[27], (ii) suministre directamente los servicios o intangibles a un tercero distinto del cliente en virtud del acuerdo comercial ni (iii) por recibir el pago de un tercero distinto del cliente en virtud del acuerdo comercial. En los siguientes apartados se explican más detalladamente estas cuestiones.

B.4.1.1. Un suministro posterior no incide en la determinación del lugar de imposición

3.50   Es habitual que las empresas multinacionales centralicen determinados procesos de adquisición en una sola jurisdicción para conseguir las ventajas económicas que comporta celebrar un único acuerdo por cantidades importantes en lugar de suscribir varios de valor más reducido. Estos instrumentos se denominan generalmente acuerdos «globales». La sociedad en la que se centralizan las compras se encarga posteriormente de suministrarlas en todo o parte a las diferentes empresas vinculadas que posee en todo el mundo.

3.51   El posterior suministro de dichos servicios a empresas vinculadas se regirá por acuerdos comerciales individuales, celebrados entre la sociedad en la que se hayan centralizado las adquisiciones y cada una de las empresas vinculadas. Si las empresas vinculadas son los clientes en virtud de dichos acuerdos comerciales, los derechos de imposición sobre estos suministros o prestaciones posteriores corresponderán a las jurisdicciones en las que se encuentren dichas empresas vinculadas, en conformidad con la regla general. Si dichas jurisdicciones aplican un mecanismo de inversión del sujeto pasivo, las empresas vinculadas deberán satisfacer el IVA al tipo aplicable en sus respectivas jurisdicciones.

3.52   La sociedad que centraliza las adquisiciones puede abastecer a una empresa que se encuentre en la misma jurisdicción que el proveedor original (véase el Anexo I de este Capítulo – Ejemplo 3). Siguiendo la regla general, deberá decidirse el lugar de imposición de cada operación individual, de manera que el hecho de que los servicios o intangibles sean o no objeto de un posterior suministro no incida en la determinación del lugar de imposición a efectos de IVA. Por consiguiente, el proveedor deberá determinar la identidad del cliente consultando el acuerdo comercial que corresponda. Si el cliente se encuentra en otra jurisdicción, el proveedor estará facultado para realizar el suministro libre de IVA. Siempre que no medie evasión ni elusión, el hecho de que el cliente suministre posteriormente los servicios o intangibles a una tercera empresa no resulta, *per se*, relevante, aun cuando la tercera empresa esté establecida en la misma jurisdicción que el proveedor.

B.4.1.2. El suministro directo de servicios o intangibles a una tercera empresa, distinta del cliente de dicho suministro, no incide en la determinación del lugar de imposición

3.53   También puede ocurrir que los términos del acuerdo comercial obliguen al proveedor a suministrar servicios o intangibles directamente a un tercero (véase el Anexo I de este Capítulo – Ejemplo 3). Siempre que no medie evasión ni elusión, el cliente seguirá siendo aquel que se identifique en el acuerdo comercial y el lugar de imposición se determinará en función de la ubicación de dicho cliente. El mero hecho de que se provea directamente el suministro a una tercera empresa no afecta, *per se*, al resultado de la operación. Por consiguiente, deberá aplicarse la regla general de tal manera que el proveedor realice el suministro a

---

[27] A los efectos de estas Directrices, un tercero será una entidad que tenga la consideración de «empresa». «Tercero» se refiere a una parte distinta del proveedor o del cliente y no existe una correlación necesaria con su significado en otros contextos, ni siquiera en materia de impuestos directos.

un cliente extranjero libre de IVA, aun cuando la tercera empresa esté ubicada en la misma jurisdicción que el proveedor.

B.4.1.3. Ni el sentido en que se produzcan los flujos de pago ni la identidad y ubicación del pagador inciden en la determinación del lugar de imposición

3.54   Es posible que se deba prestar especial atención a operaciones en las que los flujos de pago no concuerden con los flujos de los servicios o intangibles. Lo habitual es que un cliente pague a un proveedor por los servicios o intangibles suministrados con arreglo a un acuerdo comercial. Sin embargo, pueden concurrir circunstancias en las que sea otra parte la que realice el pago de dicho suministro. Por ejemplo, es frecuente que, para reducir costos, los grupos de empresas multinacionales centralicen los pagos en una de las sociedades del grupo («sociedad pagadora»[28]), la cual se encargará de pagar los servicios e intangibles adquiridos en virtud del acuerdo que corresponda. En estos casos, el pago de los servicios o intangibles suministrados por el proveedor o las sucursales extranjeras del proveedor a clientes extranjeros puede ser satisfecho por la empresa matriz del cliente situada en la jurisdicción del proveedor, pese a no ser esta entidad la receptora de los suministros (véase el Anexo I de este Capítulo – Ejemplo 5). Al aplicar la regla general, el lugar de imposición deberá determinarse de manera individual con respecto a cada operación concreta. El sentido o dirección en que se produzcan los pagos y la identidad y ubicación del pagador, por sí solos, resultan irrelevantes. Los flujos de pago se efectúan en contraprestación por los suministros realizados al amparo de los acuerdos comerciales correspondientes, pero no generan, en sí mismos, nuevos suministros, ni tampoco modifican los originales ni identifican al cliente o su ubicación. En consecuencia, el proveedor realiza el suministro al cliente identificado en el acuerdo comercial que corresponda y el lugar de imposición será aquel en el que se encuentre dicho cliente. Siempre que no medie evasión ni elusión, el proveedor estará por tanto facultado para realizar un suministro a un cliente extranjero libre de IVA, aun cuando el pago de tal operación lo efectúe una tercera empresa situada en la misma jurisdicción que el proveedor.

B.4.2. Suministros a entidades con establecimiento en una única jurisdicción - Cliente

3.55   Es recomendable que sea el cliente el obligado a declarar el impuesto correspondiente de acuerdo con el mecanismo de inversión del sujeto pasivo cuando resulte compatible con el diseño general del sistema nacional de impuestos al consumo. De acuerdo con este procedimiento, normalmente es el cliente el obligado a declarar el IVA correspondiente al suministro recibido del proveedor extranjero, en concepto de impuesto repercutido, en la declaración de IVA pertinente. El tipo que se utilizará será el aplicable en la jurisdicción del cliente. El cliente quedará así facultado para deducir el impuesto soportado en la medida en que las normas de su jurisdicción lo permitan.

3.56   Si el cliente tiene derecho a la deducción íntegra del impuesto soportado con motivo de la adquisición de la que se trate, puede ocurrir que la legislación nacional en materia de IVA no exija declarar el impuesto repercutido de acuerdo con el mecanismo de inversión del sujeto pasivo. Se trata de una posibilidad que contemplan algunas jurisdicciones, por lo que las empresas que se encuentren en dicha situación deberían asegurarse de conocer los requisitos impuestos por su jurisdicción en tal sentido. De igual manera, algunas jurisdicciones pueden emplear un tipo de IVA que no exija la aplicación del mecanismo de inversión del sujeto pasivo por no adecuarse a la naturaleza del impuesto aplicado. Las empresas que importan servicios e intangibles de proveedores extranjeros deben cerciorarse de conocer la legislación nacional y los usos o prácticas administrativas.

3.57   El cliente está obligado a pagar todos los impuestos que correspondan por el suministro siguiendo el mecanismo de inversión del sujeto pasivo cuando ello resulte compatible con el diseño general del

---

[28] Para referirse a este tipo de sociedad pueden utilizarse los términos «sociedad pagadora», «agente de liquidación de fondos», «agente de facturación» u otro similar. En estas Directrices, se utilizará el término «sociedad pagadora».

sistema nacional de impuestos al consumo. El cliente queda obligado al pago aun cuando (i) posteriormente suministre los servicios o intangibles a un tercero, (ii) los servicios o intangibles no se proporcionen directamente al cliente o (iii) no sea el cliente el que satisfaga el pago correspondiente a la operación. En los siguientes apartados se explican más detalladamente estas cuestiones.

B.4.2.1. Un suministro posterior no incide en la determinación del lugar de imposición

3.58   Tal como se menciona en el apartado 3.50, puede ocurrir que el cliente suministre posteriormente los servicios o intangibles adquiridos al proveedor extranjero, como suministros independientes (por ejemplo, en el marco de un acuerdo «global»). Siempre que no medie evasión ni elusión, el lugar de imposición de dichas operaciones deberá decidirse de forma individual para cada operación, lo cual no incidirá en el suministro internacional original (véase el Anexo I de este Capítulo – Ejemplo 3) y seguirá aplicándose la regla general. Cuando el cliente suministre posteriormente a empresas vinculadas la totalidad o parte de los bienes o intangibles adquiridos, es probable que haya concluido con estas acuerdos comerciales al efecto. Si las empresas vinculadas son los clientes en virtud de dichos acuerdos comerciales, los derechos de imposición sobre estos suministros posteriores corresponderán a las jurisdicciones en las que se encuentren dichas empresas vinculadas, conforme la regla general. Si dichas jurisdicciones aplican un mecanismo de inversión del sujeto pasivo, las empresas vinculadas deberán satisfacer el IVA conforme a la tasa aplicable en sus respectivas jurisdicciones.

B.4.2.2. El suministro directo de los servicios o intangibles a una tercera empresa, distinta del cliente de dicho suministro, no incide en la determinación del lugar de imposición

3.59   Tal como se describe en el apartado 3.53, en virtud de los términos del acuerdo comercial que corresponda, el cliente puede requerir que los servicios o intangibles se suministren directamente a un tercero. Aun cuando ese tercero se encuentre ubicado en una jurisdicción diferente de aquella en la que lo esté el cliente identificado en el acuerdo comercial, el lugar de imposición seguirá siendo la jurisdicción en la que se encuentre el cliente identificado en el acuerdo comercial. Si dicha jurisdicción aplica un mecanismo de inversión del sujeto pasivo, dicho cliente identificado en el acuerdo comercial quedará obligado a satisfacer el IVA conforme a la tasa aplicable en su jurisdicción (véase el Anexo I de este Capítulo – Ejemplo 3).

B.4.2.3. Ni el sentido en que se produzcan los flujos de pago ni la identidad y ubicación del pagador inciden en la determinación del lugar de imposición

3.60   Tal como se describe en el apartado 3.54, los grupos de empresas multinacionales pueden designar a una de sus sociedades para que actúe como sociedad pagadora de los servicios o intangibles suministrados al grupo (a saber, un acuerdo de «sociedad pagadora»). En consecuencia, no es el cliente quien paga al proveedor por la operación realizada en el marco del acuerdo comercial. En tales situaciones, el sentido de los flujos de pago y la identidad y ubicación del pagador en sí mismos resultan irrelevantes. El suministro se efectúa al cliente identificado en el acuerdo comercial que corresponda y el lugar de imposición es aquel en el que se encuentra dicho cliente (véase el Anexo I de este Capítulo – Ejemplo 5).

B.4.3. Suministros a entidades con establecimiento en una única jurisdicción - Administraciones tributarias

3.61   El aumento de las operaciones internacionales de suministro de servicios e intangibles ha acrecentado la complejidad tanto para las administraciones tributarias como para las empresas. El carácter intangible de muchos servicios es tal que la relativa sencillez que presenta el tratamiento de los bienes (franquicia a las exportaciones, gravamen a las importaciones) no puede ser replicada en las operaciones con servicios e intangibles. Por lo tanto, es importante que las administraciones tributarias esclarezcan tanto a las empresas como al personal responsable de efectuar las inspecciones o auditorías cuáles son las reglas vigentes en su jurisdicción, y también que deben aplicarse de acuerdo a los hechos que concurran en cada operación particular.

3.62   Según la regla general, los suministros de servicios e intangibles devengan impuestos siguiendo las normas de la jurisdicción en la que está ubicado el cliente. Esto significa que un proveedor de servicios e intangibles entre empresas internacionales participa en dichas operaciones acogiéndose a una franquicia de IVA en su jurisdicción. La administración tributaria del proveedor puede exigirle a este que acredite que el cliente es una empresa y que dicha empresa está ubicada en otra jurisdicción. Para reducir al máximo las cargas de cumplimiento impuestas a los proveedores, se exhorta a las administraciones tributarias a proporcionar orientaciones claras a las empresas sobre las pruebas que exigen para tales acreditaciones.

3.63   Es recomendable que sea el cliente el obligado a declarar el IVA correspondiente ante la administración tributaria de su país, de acuerdo con el mecanismo de inversión del sujeto pasivo, cuando resulte compatible con el diseño general del sistema nacional de impuestos al consumo. Se recomienda a las administraciones tributarias comunicar a las empresas la necesidad de declarar todo impuesto correspondiente sobre los servicios e intangibles «importados» de proveedores de otras jurisdicciones. Deberá aplicarse la tasa interna normal que corresponda a los servicios o intangibles que sean objeto de la operación, según su naturaleza. Si el cliente tiene derecho a la deducción íntegra del impuesto soportado con motivo de la adquisición, podría ocurrir que la legislación nacional en materia de IVA no exija la aplicación del mecanismo de inversión del sujeto pasivo en la declaración de IVA de su país. Por lo tanto, en esos casos, se recomienda a las administraciones tributarias comunicar dicha circunstancia a las empresas. De igual manera, se insta a las jurisdicciones que exigen tal declaración a dejar patente que el impuesto debe satisfacerse de este modo[29].

3.64   El mecanismo de inversión del sujeto pasivo presenta una serie de ventajas. En primer lugar, la autoridad tributaria de la jurisdicción en la que tiene lugar el uso empresarial puede acreditar y garantizar el cumplimiento, pues tal autoridad posee competencia personal sobre el cliente. En segundo lugar, la carga de cumplimiento se traslada en gran medida del proveedor al cliente y se reduce al máximo, porque el cliente tiene pleno acceso a los pormenores de la operación. En tercer lugar, los gastos administrativos en que incurre la autoridad tributaria también son menores porque el proveedor no está obligado a cumplir las obligaciones fiscales en la jurisdicción del cliente (a saber, identificación a efectos de IVA, inspecciones o auditorias, que de otro modo tendrían que gestionarse y obstáculos relacionados con cuestiones de idioma y traducción). Por último, reduce los riesgos recaudatorios asociados al cobro del impuesto por parte de proveedores no residentes, independientemente de que los clientes del proveedor tengan o no derecho a deducir el impuesto soportado.

3.65   Deberá determinarse el lugar de imposición de los servicios o intangibles a efectos de IVA con respecto a cada operación individual. Siempre que no medie evasión ni elusión, tal determinación no se verá afectada por lo tanto por (i) el hecho de que sean o no objeto de un suministro posterior, (ii) el suministro directo de los servicios o intangibles a una tercera empresa que no sea el cliente ni (iii) el sentido de los flujos de pago, o la identidad y ubicación del pagador. En los siguientes apartados se explican más detalladamente estas cuestiones.

---

[29] En los casos en los que un cliente no aplique correctamente el mecanismo de inversión del sujeto pasivo y, aun así, conserve el derecho a deducir íntegramente el impuesto soportado con respecto a dicha operación, se recomienda que toda sanción que pueda proceder sea proporcional y se vincule a la gravedad del incumplimiento incurrido, cuando tal gravedad sea un factor a tener en cuenta, sin perder de vista el hecho de que no se incurre en ninguna pérdida de ingresos netos.

B.4.3.1. Un suministro posterior no incide en la determinación del lugar de imposición

3.66   Tal como se expone en los párrafos 3.50 y 3.58, las empresas con entidades jurídicas diferentes vinculadas en otras jurisdicciones pueden efectuar un suministro posterior de los servicios o intangibles adquiridos en el exterior a otras sociedades vinculadas, en el marco de un acuerdo «global». Dichas operaciones deberán someterse a las normas habituales en materia de IVA, incluida la regla general relativa a servicios e intangibles internacionales (véase el Anexo I de este Capítulo – Ejemplo 3). Por lo tanto, se recomienda que:

- la administración tributaria de la jurisdicción del proveedor permita que este realice el suministro libre de IVA siempre y cuando el proveedor pueda identificar al cliente y acreditar que está ubicado en el extranjero;
- la administración tributaria de la jurisdicción del cliente se asegure de que este liquide todo impuesto correspondiente sobre la operación de suministro por parte del proveedor extranjero, de acuerdo con el mecanismo de inversión del sujeto pasivo, cuando tal circunstancia resulte compatible con el diseño general del sistema nacional de impuestos al consumo.

B.4.3.2. El suministro directo de los servicios o intangibles a una tercera empresa, distinta del cliente de dicho suministro, no incide en la determinación del lugar de imposición

3.67   Tal como se indica en los párrafos 3.53 y 3.59, aunque la totalidad o parte de los servicios o intangibles no se faciliten directamente en la jurisdicción del cliente sino en otra, por ejemplo, en la del proveedor o de una tercera empresa, seguirá aplicándose la regla general (véase el Anexo I de este Capítulo – Ejemplo 3). Así, los derechos de imposición siguen correspondiendo a la jurisdicción del cliente. Por ejemplo, una empresa contable puede haber celebrado un acuerdo comercial con un cliente radicado en otra jurisdicción, pese a que tal vez desempeñe la mayor parte de su labor en su propia jurisdicción y también preste sus servicios directamente a una tercera empresa. Siempre que no medie evasión ni elusión, esta circunstancia no impedirá, *per se*, que el lugar de imposición sea aquel en el que se encuentre ubicado el cliente. Por lo tanto, se recomienda que:

- la administración tributaria de la jurisdicción del proveedor no le reclame el impuesto basándose exclusivamente en el hecho de que este provee los servicios o intangibles directamente en dicho lugar, sino que le permita acogerse a una franquicia de IVA en la operación con el cliente extranjero identificado en el acuerdo comercial;
- la administración tributaria de la jurisdicción del cliente se asegure de que este liquide todo impuesto correspondiente sobre la operación de suministro por parte del proveedor extranjero, de acuerdo con el mecanismo de inversión del sujeto pasivo, aun cuando los servicios o intangibles hayan sido facilitados directamente por una tercera empresa local.

B.4.3.3. Ni el sentido en que se produzcan los flujos de pago ni la identidad y ubicación del pagador inciden en la determinación del lugar de imposición

3.68   En los párrafos 3.54 y 3.60, se pone de manifiesto que pueden existir situaciones en las que sea otra parte la que realice el pago de la operación al cliente del acuerdo comercial (véase el Anexo I de este Capítulo – Ejemplo 5). En los grupos multinacionales, estas terceras empresas suelen denominarse «sociedades pagadoras» y es posible que no sean las receptoras propiamente dichas de los servicios o intangibles. Independientemente de la ubicación de esa tercera empresa, los servicios o intangibles se le suministran al cliente identificado en el acuerdo comercial que corresponda y los derechos de imposición recaen en la jurisdicción en la que se encuentra radicado el cliente. Por lo tanto, se recomienda que:

- la administración tributaria de la jurisdicción del proveedor no le reclame el impuesto basándose exclusivamente en el hecho de que la tercera sociedad pagadora esté ubicada en dicho lugar, sino que le permita acogerse a una franquicia para no cobrar el IVA en la operación con el cliente extranjero identificado en el acuerdo comercial;

- la administración tributaria de la jurisdicción del cliente se asegure de que este liquide todo impuesto correspondiente sobre la operación de suministro por parte del proveedor extranjero, de acuerdo con el mecanismo de inversión del sujeto pasivo, aunque el pago de la operación lo realice una tercera empresa.

3.69   Con el planteamiento anterior se obtiene un resultado lógico porque las operaciones se gravan en la jurisdicción en la que la empresa utiliza los servicios o intangibles, de acuerdo con el principio de destino que sigue la regla general, y no se incurre en una doble imposición ni en una no imposición involuntaria en las jurisdicciones que intervienen.

3.70   En el Anexo I de este Capítulo se incluyen ejemplos de la posible aplicación práctica de la regla general relativa al lugar de imposición de operaciones de empresa a empresa que comportan el suministro de servicios e intangibles a entidades con establecimiento en una única jurisdicción.

B.5. Comentario sobre la aplicación del método de repercusión - Suministro de un servicio o intangible a una persona jurídica con establecimientos en múltiples jurisdicciones («empresas multilocalizadas» – «EML»)

3.71   La Directriz 3.4 recomienda que los derechos de imposición sobre el suministro de un servicio o intangible a una EML se adjudiquen a la jurisdicción o jurisdicciones en las que se encuentre el establecimiento o establecimientos usuarios de dicho servicio o intangible. Se admite además que las jurisdicciones pueden adoptar una serie de métodos posibles para identificar qué establecimiento de la EML cliente se considera usuario de un servicio o intangible y dónde se encuentra dicho establecimiento. Pueden distinguirse las siguientes categorías generales:

- el planteamiento basado en el uso directo, que atiende directamente al establecimiento que hace uso del servicio o intangible;
- el planteamiento basado en la entrega directa, que atiende al establecimiento al que se presta el servicio o se entrega el intangible; y
- el método de repercusión, que atiende al establecimiento que hace uso del servicio o intangible, determinado tomando como base los acuerdos internos de repercusión o reparto de costos dentro de la propia EML, concluidos con arreglo a los requisitos del impuesto de sociedades, la normativa contable u otros requerimientos regulatorios.

3.72   En los párrafos 3.25 a 3.40 se describen de forma general dichos planteamientos y su posible aplicación en la práctica. Este Comentario analiza de manera más pormenorizada el método de repercusión, puesto que, a diferencia de los demás, las administraciones tributarias pueden no estar tan familiarizadas con su funcionamiento.

3.73   El método de repercusión requiere que las EML repercutan internamente el costo de un servicio o intangible adquirido externamente a aquellos de sus establecimientos que lo utilicen, circunstancia que se acreditará mediante acuerdos internos de repercusión o reparto de costos. Según dicho método, esta repercusión de costos interna se tomará como base para la adjudicación de los derechos de imposición sobre dichos servicios o intangibles a favor de la jurisdicción o jurisdicciones en las que se encuentren el establecimiento o establecimientos de la EML usuarios del mismo.

3.74   Dicho proceso puede seguir un proceso de dos pasos:

- El primer paso atiende al acuerdo comercial entre el proveedor externo y la EML. Los derechos de imposición sobre la operación con la EML se adjudican a la jurisdicción donde se encuentra el establecimiento del cliente que representa a la EML en el acuerdo comercial con el proveedor.

- El segundo paso es necesario cuando el servicio o intangible es utilizado total o parcialmente por uno o más establecimientos, además del que haya representado a la EML en el acuerdo comercial con el proveedor. Este segundo paso atiende a la repercusión interna de costos realizado por la EML para imputar el costo externo del servicio o intangible al establecimiento o los establecimientos que lo utilicen. Esta repercusión de costos interna se toma como base para la adjudicación de los derechos de imposición sobre el servicio o intangible a favor de la jurisdicción en la que se encuentren el establecimiento o establecimientos usuarios del mismo, considerando este reparto interno de costos del servicio o intangible adquirido en el exterior como una operación que entra dentro del ámbito de aplicación del IVA.

3.75   En los siguientes apartados, se plantea la aplicación del método de recarga desde las perspectivas del proveedor, el cliente y las administraciones tributarias. El Anexo II de este Capítulo incluye un ejemplo práctico de la aplicación del método de recarga.

B.5.1. Primer paso - Suministro a la EML

B.5.1.1. Proveedor

3.76   Como ocurre con todo suministro, el proveedor tendrá que identificar y ser capaz de acreditar la identidad del cliente y el lugar en el que se encuentra ubicado, a fin de determinar la jurisdicción a la que corresponden los derechos de imposición.

3.77   De acuerdo con el primer paso del método de repercusión, los derechos de imposición se adjudican a la jurisdicción en la que se encuentra el establecimiento que representa a la EML en el acuerdo comercial con el proveedor. Los diferentes elementos del acuerdo comercial con el proveedor deberán identificar a dicho establecimiento y el lugar en el que se encuentra. Una vez acreditado que dicho establecimiento está en una jurisdicción distinta a la del proveedor, este último estará facultado para realizar el suministro libre de IVA en su jurisdicción.

B.5.1.2. Cliente

3.78   Si el establecimiento del cliente que ha representado a la EML en el acuerdo comercial se encuentra en una jurisdicción distinta a la del proveedor, se recomienda que sea dicho establecimiento el obligado a satisfacer cualquier impuesto que corresponda sobre la operación. Para ello, se puede utilizar el mecanismo de inversión del sujeto pasivo (también denominado «desplazamiento de la imposición» o «autoliquidación») cuando resulte compatible con el diseño general del sistema nacional de impuestos al consumo. De acuerdo con este procedimiento, normalmente es dicho establecimiento del cliente el obligado a declarar el IVA correspondiente al suministro recibido del proveedor extranjero, en concepto de impuesto repercutido, en la declaración de IVA pertinente. La tasa que se usará será la tasa interna normal aplicable según la naturaleza de los servicios o intangibles en la jurisdicción del establecimiento del cliente. El establecimiento del cliente que repercuta los costos deducirá el impuesto soportado relacionado de acuerdo con las normas habituales que garantizan la neutralidad del IVA.

3.79   Si el establecimiento del cliente que ha representado a la EML en el acuerdo comercial tiene derecho a la deducción íntegra del impuesto soportado con motivo de la adquisición, puede ocurrir que la legislación nacional en materia de IVA no exija la aplicación del mecanismo de inversión del sujeto pasivo.

B.5.1.3. Administraciones tributarias

3.80   La administración tributaria de la jurisdicción del proveedor tendrá que saber cuál es la naturaleza de la operación, así como la identidad del cliente y la jurisdicción en la que se encuentra este. Si el servicio o intangible es suministrado a una empresa situada en otra jurisdicción, esta operación estará libre de IVA en la jurisdicción del proveedor. Por lo tanto, el proveedor tendrá que conservar toda la información pertinente que constituya el acuerdo comercial para demostrar la naturaleza de la operación y también la identidad del cliente. Cuando dicho cliente sea una EML, de acuerdo con el método de repercusión, el acuerdo comercial tendrá que acreditar la identidad del establecimiento que represente a la EML en dicho acuerdo y la ubicación de este establecimiento. Se recomienda a las administraciones tributarias proporcionar orientaciones claras a las empresas sobre las pruebas que exigen para tales acreditaciones.

3.81   El establecimiento del cliente que ha representado a la EML en el acuerdo comercial con el proveedor declarará el IVA correspondiente ante su administración tributaria local de acuerdo con el mecanismo de inversión del sujeto pasivo, cuando resulte compatible con el diseño general del sistema nacional de impuestos al consumo. Se exhorta a las administraciones tributarias a informar a las empresas de la necesidad de declarar todo impuesto correspondiente sobre los servicios e intangibles «importados» de proveedores de otras jurisdicciones, incluso cuando dichos servicios o intangibles sean adquiridos por un establecimiento de una EML.

3.82   Si el establecimiento del cliente tiene derecho a la deducción íntegra del impuesto soportado con motivo de la adquisición, puede ocurrir que la legislación nacional en materia de IVA no exija la aplicación del mecanismo de inversión del sujeto pasivo. Por lo tanto, en esos casos, se invita también a las administraciones tributarias a hacer pública dicha circunstancia.

B.5.2. Segundo paso - Repercusión de costos a los establecimientos usuarios

B.5.2.1. Proveedor

3.83   El proveedor externo del servicio o intangible a la EML no participa en la operación de repercusión de los costos correspondientes al mismo al establecimiento del cliente que lo utiliza, pues dicho trámite compete en exclusiva a la EML cliente.

B.5.2.2. Cliente

3.84   El establecimiento del cliente que ha celebrado el acuerdo comercial con el proveedor externo habrá adquirido el servicio o intangible o bien para uso propio o bien para que otros establecimientos de la EML cliente hagan un uso total o parcial del mismo. En este último caso, el establecimiento del cliente que ha representado a la EML en el acuerdo comercial con el proveedor externo está obligado a repercutir posteriormente el costo a los demás establecimientos de la EML que utilicen el servicio o intangible. De acuerdo con este método, la repercusión de los costos del servicio o intangible externo se considerará una contraprestación por un suministro que entra dentro del ámbito de aplicación del IVA.

3.85   No se repercutirá costo alguno si el servicio o intangible ha sido adquirido por un establecimiento de la EML para uso propio.

3.86   El que haya o no una repercusión del costo del servicio o intangible adquirido por un establecimiento de una EML para su uso total o parcial por otro establecimiento de esta EML en la misma jurisdicción dependerá de las normas internas de dicha jurisdicción. Este Comentario atiende exclusivamente a los suministros transfronterizos de servicios e intangibles.

3.87   En lo concerniente a cualquier otro tipo de suministro, el establecimiento que practique la repercusión de costos tendrá que identificar y poder demostrar cuál es el establecimiento usuario y dónde se encuentra localizado.

3.88   De acuerdo con el método de repercusión, las EML tendrán que disponer de acuerdos internos para justificar y facilitar las operaciones de repercusión de costos entre sus distintos establecimientos. Las EML y las administraciones tributarias tomarán como base estos acuerdos internos para obtener la información que en circunstancias diferentes se plasmaría en un acuerdo comercial. Para los efectos de la aplicación del método de recarga, aquellos acuerdos internos serán referidos como acuerdos de reparto de costos.

3.89   Los diferentes elementos del acuerdo de reparto de costos deberán facilitar la identificación del establecimiento que practica la repercusión y los establecimientos usuarios a los que repercutirá internamente los costos. Además, deberán proporcionar información suficiente para acreditar la aplicación de un régimen de IVA uniforme y correcto a esta operación.

3.90   Dicha transacción puede resultar sencilla en muchos casos, en especial cuando las EML han adoptado un acuerdo por el que los servicios o intangibles específicos adquiridos externamente se repercusión internamente como tal al establecimiento usuario. Por ejemplo, si se trata de grandes gastos que se pueden aislar y repercutir al establecimiento usuario, por ejemplo, por la instalación de un nuevo sistema informático o la realización de una actualización importante. Dichos acuerdos revisten una gran utilidad práctica, ya que permiten identificar claramente tanto el servicio o intangible objeto de la repercusión como el motivo de dicha operación. En relación con la repercusión interna de costos, se invita a las EML a adoptar este tipo de acuerdos en la mayor medida posible.

3.91   Sin embargo, cabe reconocer que este método no siempre es posible en la práctica. Por ejemplo, cuando se adquiera un servicio o intangible para su uso por parte de varios establecimientos y resulte excesivamente gravoso contabilizar de manera individual el uso por parte de cada establecimiento. Así puede ocurrir cuando se centraliza la adquisición de servicios de marketing o servicios jurídicos para varios establecimientos de una EML. En determinadas circunstancias, puede resultar difícil o demasiado gravoso realizar un análisis pormenorizado de estos servicios y su uso por parte de los diferentes establecimientos. En dichos casos, las EML puede estimar necesario utilizar métodos de reparto o imputación de costos que incluyan un cierto grado de estimación o aproximación del uso real que cada establecimiento hará del servicio.

3.92   Se alienta a las administraciones tributarias que apliquen el método de recarga a permitir estos métodos de imputación o prorrateo de costos cuando la repercusión directa del costo de servicios o intangibles específicos resulte excesivamente gravoso, y a ofrecer a las empresas pautas claras sobre los métodos de este tipo que consideran aceptables.

3.93   Dichos métodos de imputación o prorrateo de costos (factores de imputación) deben ser «justos y razonables», en el sentido de que deben dar lugar a una repercusión de costos proporcional al uso razonablemente previsto por parte de los establecimientos, aplicar principios contables bien fundamentados e incluir medidas de protección contra manipulaciones. En la medida de lo posible, debe emplearse información que ya se encuentre disponible a efectos de contabilidad, fiscalización y otros fines regulatorios. No obstante, no existe una solución única que resulte adecuada en todos los casos. El concepto de «justo y razonable» dependerá del tipo de servicio del que se trate, pero también de la envergadura y estructura de la empresa, de su sector y de la complejidad del entorno comercial en el que opere. Sea cual sea el factor de imputación que se utilice, deberá poder justificarse y aplicarse de forma sistemática, sin generar cargas indebidas de cumplimiento ni administrativas para empresas y administraciones tributarias.

3.94   Entre los factores de imputación que se utilizan frecuentemente están el número de empleados, los metros cuadrados de las oficinas, tamaño de la flota de vehículos, el uso de computadoras, los gastos en publicidad, el número de asientos contables, el número de facturas tramitadas, etc. Es posible que no siempre exista un factor de imputación que pueda cuantificarse de manera clara y directa, por ejemplo, en relación con los gastos de carácter jurídico o el mantenimiento de sistemas generales, etc. En esos casos, no es infrecuente que los costos se imputen de acuerdo al tamaño respectivo de los establecimientos.

3.95   Para la correcta aplicación del método de recarga, resulta fundamental que se pueda discernir la relación entre el suministro inicial del servicio o intangible a la EML (primer paso) y la posterior repercusión del costo a los establecimientos usuarios (segundo paso). El objetivo del método de repercusión es garantizar que los derechos de imposición sobre los suministros a una EML se adjudiquen efectivamente a la jurisdicción en la que se encuentre el establecimiento usuario. Por consiguiente, cabe esperar que la

EML vele por que las administraciones tributarias puedan establecer razonablemente la relación entre el suministro inicial y la repercusión del costo, y, en particular, que puedan determinar la conexión entre el precio de dicho suministro inicial y la cuantía repercutida, sin que se exija efectuar dicha operación caso por caso.

3.96   El establecimiento que repercuta el costo estará facultado para hacerlo libre de IVA en su jurisdicción, basándose en la información que se encuentre disponible en el acuerdo de reparto de costos, ya que los demás establecimientos estarán situados en otras jurisdicciones. Los componentes del acuerdo de reparto de costos deberán acreditar qué establecimientos usan el servicio, así como su ubicación en otra jurisdicción. Es recomendable que el establecimiento que repercuta el costo emita un documento equivalente a una factura por tal concepto, a nombre del establecimiento usuario.

3.97   Para garantizar la neutralidad en materia de IVA con respecto al establecimiento que repercute el costo, deberán aplicarse a su respecto las normas generales de deducción del IVA soportado en relación con el servicio o intangible recibido y posteriormente repercutido. La aplicación del método de repercusión no debe incidir en el derecho de la EML a deducir el IVA soportado con respecto a adquisiciones distintas del servicio o intangible al que se aplique dicho método.

3.98   Se recomienda que sea el establecimiento usuario el que quede obligado a liquidar cualquier impuesto que corresponda por la repercusión del costo. Para ello, se pueden utilizar mecanismos de inversión del sujeto pasivo (también denominado «desplazamiento de la imposición» o «autoliquidación») cuando resulte compatible con el diseño general del sistema nacional de impuestos al consumo. Puede ocurrir que la legislación nacional en materia de IVA no exija la aplicación del mecanismo de inversión del sujeto pasivo.

3.99   Si un servicio o intangible es utilizado íntegramente por un establecimiento distinto de aquel que represente a la EML en el acuerdo comercial, la base imponible será, *a priori,* la cuantía repercutida que corresponda al precio de compra del servicio o intangible.

3.100   Si el servicio o intangible es utilizado por varios establecimientos, la base imponible correspondiente a cada establecimiento será, *a priori,* la parte del precio de compra del servicio o intangible que se repercuta a este establecimiento aplicando un método de imputación o prorrateo aceptable.

3.101   Para la acreditación de la base imponible deberá recurrirse al acuerdo de reparto de costos. La tasa que se usará será, *a priori,* la tasa interna normal aplicable al tipo de servicio o intangible en la jurisdicción del establecimiento del cliente que lo haya utilizado. El establecimiento del cliente quedará entonces facultado para deducir el impuesto soportado en la medida en que las normas de su jurisdicción lo permitan.

3.102   Si la repercusión del costo de un servicio o intangible adquirido a un proveedor externo se combinase con una repercusión de costos internos (por ejemplo, gastos salariales por servicios prestados internamente), corresponderá a la EML diferenciar el costo del servicio o intangible adquirido externamente de los demás costos y también evidenciar el carácter interno de esos otros costos si fuera necesario para garantizar que el método de recarga se aplique exclusivamente sobre el costo del servicio o intangible adquirido externamente.

B.5.2.3. Administraciones tributarias

3.103   Se recomienda a las administraciones tributarias proveer a las empresas pautas claras sobre la aplicación del método de repercusión, incluyendo su ámbito de aplicación, los métodos de imputación o prorrateo de costos que consideran aceptables y los requisitos en materia de documentación para justificar su aplicación, las normas sobre deducción de IVA soportado que garantizan la neutralidad impositiva respecto al establecimiento que repercute el costo, el momento en que se aplicarán las normas fiscales a la repercusión interna de costos y el proceso para declarar cualquier impuesto que corresponda sobre una repercusión interna.

3.104   En consonancia con las políticas de inspección o auditoria que sean habituales, las administraciones tributarias necesitarán pruebas que les permitan revisar, cuando sea necesario, documentación comercial relativa a cada operación individual para identificar la naturaleza del servicio concreto cuyo costo se ha repercutido y determinar así si son correctos el lugar de imposición, la base imponible y la tasa impositiva aplicada.

3.105   Tal documentación puede incluir una copia de la factura original del proveedor externo, el método de imputación o prorrateo y el factor de imputación utilizados, y cualesquiera otros documentos o archivos electrónicos que muestren la forma en que se calculó el IVA (por ejemplo, distinción entre la repercusión de costos externos y el valor agregado interno), la documentación del establecimiento que repercute el costo y solicita su pago (por ejemplo, un documento equivalente a una factura), asientos contables y documentación que acredite el pago por el establecimiento de uso.

3.106   En los casos en los que fuera necesario separar los costos externos de otros costos en el marco de una repercusión interna para garantizar que el método de repercusión se aplique únicamente al costo del servicio o intangible adquirido externamente, es posible que las administraciones tributarias deseen permitir métodos que incluyan un cierto grado de estimación, en particular si un desglose pormenorizado de los costos se considerase excesivamente gravoso (por ejemplo, porque la operación implique importes de escasa cuantía).

3.107   *A priori*, también es necesario que los inspectores de la administración tributaria de la jurisdicción en la que tenga lugar el uso verifiquen que:

- se ha tratado toda repercusión transfronteriza de costos externos que tenga lugar entre establecimientos como una operación que entra dentro del ámbito de aplicación del IVA;
- los establecimientos han declarado de forma correcta el IVA correspondiente a cualquier repercusión de costos, inclusive cuando se produzcan compensaciones[30];
- el establecimiento de uso ha declarado el IVA como si existiese un acuerdo de reparto de costos, en los casos en que un servicio haya sido adquirido por otro establecimiento de una jurisdicción diferente y este no haya repercutido su costo al establecimiento de uso pese a estar obligado a hacerlo.

3.108   En la medida de lo posible, las administraciones tributarias deberán emplear información que ya se encuentre disponible a efectos de contabilidad, fiscalización y otros fines reglamentarios, para no crear nuevas metodologías y procesos exclusivamente a efectos de IVA.

3.109   No es recomendable que el establecimiento de la EML que haga uso de un servicio o intangible adquirido a un proveedor externo satisfaga cualquier impuesto que corresponda sobre el mismo. Para ello, se pueden utilizar mecanismos de inversión del sujeto pasivo cuando resulte compatible con el diseño general del régimen fiscal nacional aplicable al consumo. No obstante, puede ocurrir que la norma nacional en materia de IVA no exija la aplicación del mecanismo de inversión del sujeto pasivo si el establecimiento usuario tiene derecho a deducir totalmente el impuesto soportado con motivo de la adquisición. En esos casos, se alienta a las administraciones tributarias a hacer público dicho extremo y también se invita a las jurisdicciones que impongan la aplicación del mecanismo de inversión del sujeto pasivo a aclarar dicha exigencia.

---

[30] Se producen compensaciones cuando los establecimientos con obligaciones recíprocas (por ejemplo por haberse repercutido costos entre sí) pactan la compensación del valor de ambas obligaciones y el pago únicamente del importe neto que siga adeudando uno de ellos tras haber practicado la compensación. Cuando se realicen compensaciones, *a priori*, el IVA deberá aplicarse sobre la base imponible de cada importe repercutido y no solo sobre el valor neto.

C. Operaciones de empresa a consumidor – Las reglas generales

C.1. Introducción

3.110   En teoría, resulta más sencillo aplicar el principio de destino a las operaciones que tienen lugar de empresa a consumidor[31] que a las que se producen de empresa a empresa, tal como expone la Directriz 3.1, para garantizar que, en última instancia, los servicios e intangibles se graven únicamente en la jurisdicción en la que tenga lugar el consumo. En el contexto de las operaciones de empresa a empresa, las normas relativas al lugar de imposición deben contribuir al objetivo último de gravar las operaciones de empresa a consumidor en la jurisdicción en la que tiene lugar el consumo final, garantizando asimismo que la carga tributaria no recaiga en ninguna empresa, a menos que la legislación así lo estipule expresamente (véase la Directriz 2.1). En el contexto de las operaciones de empresa a consumidor, el objetivo es sencillamente gravar el consumo final en la jurisdicción en la que este tiene lugar, haciendo recaer la carga tributaria en el consumidor final. En consecuencia, el objetivo principal de las normas relativas al lugar de imposición de las operaciones de empresa a consumidor es predecir con una exactitud razonable el lugar en el que es probable que se consuman los servicios o intangibles, teniendo en cuenta además las limitaciones prácticas. Lo ideal será que las normas sobre el lugar de imposición sean sencillas y prácticas de aplicar para los obligados tributarios, de entender para los clientes y de administrar por las administraciones tributarias.

3.111   Alcanzar este objetivo en las operaciones de empresa a consumidor era razonablemente sencillo en el pasado, cuando los consumidores solían contratar servicios a proveedores locales y dichas operaciones tenían por objeto servicios que cabría esperar se utilizasen en la jurisdicción en la que se prestaban.[32] En consecuencia, algunas jurisdicciones decidieron introducir regímenes de IVA que determinaban el lugar de imposición de dichos servicios remitiéndose principalmente a la ubicación del proveedor, presumiendo que ello coincidiría normalmente con el lugar de prestación de los servicios y en el que se encontraban ubicados efectivamente los consumidores finales al utilizar el servicio. Una norma sobre el lugar de imposición basada en la ubicación del proveedor se complementaba con frecuencia con una norma en la misma materia basada en el lugar de ejecución o en otros indicadores, en relación con aquellas situaciones en las que la ubicación del proveedor era un indicador menos fiable del lugar en el que podía hacerse uso de los servicios (por ejemplo, espectáculos deportivos o de entretenimiento). Paulatinamente fueron surgiendo servicios respecto a los cuales se utilizaba la ubicación del proveedor o el lugar de ejecución con menor asiduidad para determinar el lugar de imposición, por lo que aumentó la aplicabilidad de otras normas, especialmente de las que tomaban como referencia la ubicación del cliente. Algunas jurisdicciones también introdujeron regímenes de IVA que determinaban el lugar de imposición aplicando de forma iterativa una serie de indicadores y con frecuencia se decantaban por la ubicación del cliente como indicador principal para determinar el lugar de imposición tanto de operaciones de empresa a empresa como de operaciones de empresa a consumidor. Otras jurisdicciones siguieron empleando normas de índole general sobre el lugar de consumo efectivo para determinar el lugar de imposición. Al emplearse distintos criterios, no existía uniformidad ni estaba claro qué jurisdicción debía disfrutar del derecho a gravar suministros concretos de servicios e intangibles.

---

[31] En las presentes Directrices, se presume que las operaciones de empresa a consumidor constituyen suministros en los que el cliente no tiene la consideración de empresa. Dicha consideración puede incluir el tratamiento a efectos de IVA específicamente o, de manera más general, en la legislación nacional (en particular, en jurisdicciones que no hayan introducido este impuesto). Véanse también los párrafos 3.7 y 3.8.

[32] Este párrafo se refiere exclusivamente a prestaciones de servicios más que a suministros de servicios e intangibles, porque en el pasado los servicios representaban el porcentaje más importante de este tipo de operaciones con consumidores finales.

3.112   Con la globalización de la economía y su dependencia cada vez mayor de los suministros digitales, surgieron también nuevas dificultades para aplicar los métodos tradicionales de determinación del lugar de imposición a las operaciones de suministro de servicios e intangibles de empresa a consumidor. Los avances tecnológicos y la liberalización del comercio permitieron que cada vez más empresas suministrasen servicios e intangibles a clientes de todo el mundo, lo que dio lugar a un fuerte crecimiento del tráfico internacional de servicios e intangibles de empresa a consumidor. Esta nueva situación planteó también nuevos retos a los regímenes de IVA que utilizaban indicadores basados en la ubicación del proveedor o el lugar de ejecución para determinar el lugar de imposición. Si los servicios o intangibles pueden suministrarse por medios remotos a clientes que pueden encontrarse en cualquier parte del mundo cuando los usan, es menos probable que pueda predecirse con exactitud cuál será el lugar de consumo tomando como referencia la ubicación del proveedor y el lugar de ejecución. Por lo tanto, las normas sobre lugar de imposición que se basan en estos indicadores tienen menos probabilidades de arrojar un resultado adecuado. Asimismo, a menudo pueden surgir dudas sobre cuál ha sido el lugar en el que realmente ha tenido lugar el desempeño. Por ejemplo, un técnico puede, desde un país determinado, tomar el control de una computadora situada en otro país para resolver un problema, empleando un teclado que se encuentra a miles de kilómetros de dicha computadora y también equipos informáticos y de comunicaciones radicados en una serie de jurisdicciones diferentes. En casos así, puede resultar difícil concluir sistemáticamente si el lugar de ejecución coincide con aquel en el que se encuentra el técnico, la ubicación de la computadora o cualquier otra localización entre esos dos puntos.

3.113   En el caso de los suministros de servicios e intangibles cuyo consumo no guarda necesariamente una relación con el lugar en el que se desempeñan y en el que se encuentra situada la persona que lo realiza, lo más apropiado es optar por una norma basada en la residencia habitual del cliente para determinar el lugar de imposición de las operaciones de empresa a consumidor. Regímenes de IVA de todo el mundo utilizan la residencia habitual del cliente como indicador para predecir el lugar de consumo de muchos tipos de servicios e intangibles suministrados a consumidores finales. Tal enfoque presume que los consumidores finales suelen hacer uso de los servicios e intangibles en la jurisdicción en la que tienen su residencia habitual y, por lo tanto, este ofrece una conexión clara con un lugar fácil de identificar. Además, así se garantiza que los servicios e intangibles adquiridos por consumidores finales a proveedores extranjeros se graven de acuerdo con la misma base imponible y la misma tasa que los suministros internos, de conformidad con la Directriz 2.4 sobre neutralidad de IVA en el comercio internacional (véase el Capítulo 2). No se beneficia fiscalmente a los consumidores finales que compran a jurisdicciones donde los suministros no están gravados o se someten a un impuesto muy exiguo. La aplicación por los proveedores de una norma sobre el lugar de imposición que se base en la residencia habitual del cliente resultará además razonablemente práctica de aplicar por los proveedores, siempre que se ofrezca un régimen simplificado de registro y cumplimiento (véanse los apartados C.3.2 y C.3.3). Su gestión por las administraciones tributarias también resultará razonablemente práctica, en tanto se sustente en un sistema de cooperación internacional eficaz para la administración y fiscalización del gravamen (véase el apartado C.3.4).

3.114   En vista de lo anterior, se recomiendan dos reglas generales para determinar el lugar de imposición de los suministros de servicios e intangibles de empresa a consumidor:

*   En el caso de los suministros desempeñados presencialmente en un lugar fácil de identificar, que normalmente se consumen al mismo tiempo y en el mismo lugar en el que se desempeñan presencialmente, concurriendo la persona que lo desempeña y aquella que lo consume en el mismo lugar («suministros *in situ*»), la Directriz 3.5 recomienda una norma sobre el lugar de imposición basada en el lugar de ejecución.

- En el caso de los suministros que quedan al margen del ámbito de aplicación de la Directriz 3.5, la Directriz 3.6 recomienda una norma sobre lugar de imposición basada en la residencia habitual del cliente[33].

3.115   Estas reglas generales comportan en efecto la adjudicación de los derechos de imposición sobre las operaciones de suministro de servicios e intangibles de empresa a consumidor a la jurisdicción en la que se puede presumir razonablemente que se encuentra realmente el consumidor final cuando consume el suministro. Esto es, en el lugar en el que el consumidor final consume el suministro *in situ* o la residencia habitual del consumidor final donde se presume que hará uso de un servicio o intangible suministrado por medios remotos.

C.2. Operaciones de empresa a consumidor – Suministros in situ

3.116   El lugar de ejecución presencial del suministro constituye el indicador adecuado para determinar el lugar de consumo de los suministros *in situ* de servicios e intangibles a consumidores finales. A los efectos de estas Directrices, los suministros *in situ* son servicios e intangibles que normalmente se ejecutan presencialmente en un lugar fácil de identificar y se consumen al mismo tiempo y en el mismo lugar en el que se ejecutan presencialmente, y que suelen exigir la presencia del usuario y del consumidor. Además de ofrecer una indicación razonablemente exacta del lugar de consumo, una norma sobre el lugar de imposición basada en el lugar de ejecución presencial es práctica y sencilla de aplicar para los proveedores y de gestionar para las administraciones tributarias.

Directriz 3.5

Para aplicar la Directriz 3.1, la jurisdicción en la que se ejecuta presencialmente el suministro posee los derechos de imposición sobre los suministros de servicios e intangibles de empresas a consumidores que

- **se ejecutan presencialmente en un lugar fácil de identificar;**
- **se suelen usar al mismo tiempo y en el mismo lugar en el que se ejecutan presencialmente; y**
- **exigen, por lo general, que concurra la persona que ejecuta el suministro con la que lo consume en el mismo lugar en el que el este se ejecuta presencialmente.**

3.117   La Directriz 3.5 va dirigida principalmente a suministros que suelen consumirse en un lugar identificable, en el que son ejecutados, y no a aquellos facilitados por medios remotos o que pueden consumirse en un momento y lugar diferente de aquel en el que se ejecutan. Algunos ejemplos son los servicios ejecutados presencialmente sobre la propia persona (por ejemplo, servicios de peluquería, masaje, centros de estética, fisioterapia); alojamiento; restaurantes y *catering*; entrada a espectáculos de cine o teatro, ferias comerciales, museos, exposiciones y parques; asistencia a acontecimientos deportivos[34].

---

[33] De acuerdo con la regla general para suministros de servicios e intangibles de empresa a empresa que expone la Directriz 3.2 y de la regla general para dichos suministros, pero de empresa a consumidor de la Directriz 3.6, el lugar de imposición se determina tomando como referencia la ubicación del cliente. Para conocer dicho lugar, se atiende al establecimiento comercial del cliente, en el caso de las operaciones de empresa a empresa (conforme a la Directriz 3.2) y a la residencia habitual del cliente, en el caso de las operaciones de empresa a consumidor (conforme a la Directriz 3.6).

[34] Se invita a las jurisdicciones a considerar algunos de estos conceptos (por ejemplo, el alojamiento y las comidas de restauración) como suministros de bienes u otra categoría para garantizar el cumplimiento de las presentes Directrices, asegurándose de que dichos suministros se graven en el lugar en el que se desempeñan. De igual manera, para el tratamiento de suministros de tiques o derechos de entrada, se recomienda a los países determinar

3.118   Para el consumo final de dichos suministros, normalmente será necesaria la presencia física de la persona que lo ejecuta, que suele ser el proveedor, y también de la que lo consume. La aplicación de la Directriz 3.5 comporta, por lo tanto, la adjudicación de los derechos de imposición a la jurisdicción en la que se encuentra el consumidor final cuando efectúa el consumo del suministro y el lugar donde está localizada la persona que desempeña el suministro en el momento del consumo final.

3.119   Los suministros *in situ* pueden ser adquiridos por empresas y también por consumidores privados. Las jurisdicciones pueden adoptar, por lo tanto, el planteamiento recomendado por la Directriz 3.5 para las operaciones de empresa a consumidor como regla específica en el contexto de las operaciones de empresa a empresa (véanse los párrafos 3.165 a 3.166). Este planteamiento liberará a los proveedores de suministros *in situ*, que a menudo son pequeñas o medianas empresas, de la carga de cumplimiento que supone tener que distinguir entre consumidores finales y empresas al tomar decisiones de índole fiscal[35].

C.3. Operaciones de empresa a consumidor - Suministros de servicios e intangibles distintos de los que son objeto de la Directriz 3.5

3.120   En relación con los suministros de servicios e intangibles que no presentan una conexión manifiesta con un lugar de ejecución presencial fácil de identificar y que no suelen consumirse en el lugar en el que se ejecutan presencialmente, concurriendo la persona que los ejecuta y aquella que los consume, el lugar de ejecución presencial no constituye en general un buen indicio del posible lugar de consumo. Este será el caso, por ejemplo, del suministro de servicios e intangibles que pueden utilizarse en un momento distinto del de ejecución o cuyo consumo y/o ejecución puede tener carácter continuo, así como servicios e intangibles que pueden suministrarse y consumirse fácilmente por medios remotos.

3.121   En relación con las operaciones de suministro de servicios e intangibles de empresa a consumidor, el lugar de residencia habitual del cliente constituye el indicador más adecuado de la jurisdicción de consumo, ya que puede presumirse que estos tipos de servicios e intangibles se consumirán normalmente en la jurisdicción en la que el cliente tenga su residencia habitual.

Directriz 3.6

Para aplicar la Directriz 3.1, la jurisdicción en la que el cliente tiene su residencia habitual posee los derechos de imposición sobre los suministros de empresa a consumidor de servicios e intangibles distintos de los que son objeto de la Directriz 3.5.

3.122   Algunos ejemplos de suministros de servicios e intangibles que no son objeto de la Directriz 3.5 pueden ser, entre otros, los servicios de consultoría, contables y jurídicos; servicios financieros y de seguros; servicios de radiodifusión y telecomunicaciones; suministro de programas informáticos y mantenimiento de estos a través de Internet; suministro de contenido digital a través de Internet (cine, programas de televisión, etc.); almacenamiento de datos digitales; y juegos en línea.

---

el lugar de imposición atendiendo al emplazamiento en el que se preste el servicio subyacente. Véase la nota al pie número 17.

[35] No deberá interpretarse esta afirmación en el sentido de que se exige a los países que adopten una clasificación en categorías para determinar el lugar de imposición. Los países que usan un sistema iterativo pueden aplicar consecutivamente una serie de normas para determinar el lugar de imposición adecuado en un orden tal que se obtenga el mismo resultado final que recomienda la Directriz 3.5.

C.3.1. Determinación de la jurisdicción de residencia habitual del cliente

3.123   La jurisdicción en la que tiene su residencia habitual un cliente que interviene en una operación con una empresa en calidad de consumidor suele ser aquella en la que vive el cliente habitualmente o en la que ha formado un hogar. La jurisdicción que dichos clientes visiten solo temporalmente (por ejemplo, para hacer turismo o participar en una conferencia o curso de formación) no se considerará su residencia habitual.

3.124   Los proveedores deben poder ampararse en información conocida, o que pueda conocerse razonablemente en el momento en el que deba determinarse el tratamiento fiscal que se aplicará a una operación, teniendo así en cuenta los diferentes tipos de suministros y las circunstancias en que estos suelen facilitarse.

3.125   Las pruebas a disposición de los proveedores con respecto a la jurisdicción en la que el cliente tiene su residencia habitual pueden depender del modelo de negocio, el tipo y el valor de los suministros, así como de la modalidad de distribución por parte de los proveedores. Concretamente, en el ámbito del comercio electrónico, cuyas actividades suelen implicar suministros de gran volumen y escaso valor en los que la comunicación e interacción entre el proveedor y su cliente es mínima, a menudo resultará difícil determinar el lugar en el que se encuentra la residencia habitual de un cliente a partir de un acuerdo. Las jurisdicciones deben facilitar a los proveedores pautas claras y realistas sobre los elementos que exigen para determinar el lugar de residencia habitual de los clientes en las operaciones de empresa a consumidor.

3.126   En el contexto de estas operaciones, se recomienda a las jurisdicciones permitir que los proveedores se basen, en la mayor medida posible, en información recabada con carácter rutinario de sus clientes en el curso normal del negocio, en tanto en cuanto dicha información acredite de manera razonable y fiable el lugar de residencia habitual de sus clientes. Por otra parte, las jurisdicciones pueden considerar la adopción de normas por las que se establezca que, si una empresa puede acreditar ante ellas que sigue estos principios, su actuación no deba cuestionarse, salvo que medie un uso indebido o un abuso de las pruebas aportadas para dicha acreditación. Toda pauta facilitada por las autoridades tributarias requerirá tener en cuenta la legislación y las prácticas de las jurisdicciones de las que se trate, incluso con respecto a la protección de los datos personales, manteniendo además un margen de flexibilidad para las empresas.

3.127   En general, la información facilitada por el cliente puede considerarse una prueba importante y relevante para determinar su jurisdicción de residencia habitual. Puede tratarse de información recabada en el curso de los procesos empresariales (por ejemplo, el proceso de realización de pedidos), como la jurisdicción y la dirección, los datos bancarios (en particular el país de la cuenta bancaria) e información de tarjetas de crédito. Si fuera necesario, las jurisdicciones pueden exigir que la fiabilidad de tal información se complemente a través de indicios adecuados sobre la residencia. En algunos casos, estos indicios pueden ser el único indicador de la jurisdicción de residencia habitual del cliente. Los indicios disponibles variarán en función del tipo de empresa o producto del que se trate y pueden incluir el número de teléfono de contacto, la dirección IP[36] del dispositivo utilizado para descargar contenido digital o el historial de operaciones comerciales del cliente (por ejemplo, información sobre el lugar de consumo predominante, el idioma del contenido digital facilitado o la dirección de facturación). Es posible que estos indicios evolucionen según avance el desarrollo de las tecnologías y las prácticas empresariales.

---

[36] Una dirección IP es una etiqueta numérica asignada a cada dispositivo (por ejemplo, una computadora, teléfono móvil) que forma parte de una red de computadoras que utiliza el Protocolo de Internet para comunicarse.

C.3.2. Recaudación del IVA en casos en los que el proveedor no está ubicado en la jurisdicción de imposición

3.128   El cobro, recaudación e ingreso del IVA, así como las obligaciones de declaración relacionadas son tradicionalmente responsabilidad de los proveedores. Pese a que exigir a los proveedores que asuman estas responsabilidades es relativamente sencillo cuando el proveedor se encuentra en la jurisdicción de imposición, ello puede resultar más complejo cuando una empresa incurre en actividades imponibles en una jurisdicción en la que no tiene establecimiento alguno. El criterio tradicional es exigir al proveedor no residente que se registre en el régimen del impuesto de la jurisdicción de imposición y cobre, recaude y pague el impuesto que corresponda. Sin embargo, cabe reconocer que puede resultar complejo y gravoso para los proveedores no residentes cumplir con dichas obligaciones en jurisdicciones en las que no están establecidos, e igualmente difícil para las administraciones tributarias regularlas y hacer que se cumplan.

3.129   En el caso de los suministros transfronterizos de servicios e intangibles de empresa a empresa sujetos al impuesto en la jurisdicción en la que está situado el cliente, de acuerdo con la Directriz 3.2, estas Directrices recomiendan aplicar el mecanismo de inversión del sujeto pasivo, cuando sea compatible con el diseño general del sistema nacional de IVA, con la finalidad de reducir al máximo la carga administrativa y la complejidad para proveedores no residentes. Si el cliente tiene derecho a la deducción íntegra del impuesto soportado con motivo de la adquisición, puede ocurrir que la legislación nacional en materia de IVA no exija la aplicación del mecanismo de inversión del sujeto pasivo. Este instrumento consiste en un mecanismo fiscal que traslada la obligación de pagar el impuesto del proveedor al cliente. Cuando se trate exclusivamente de operaciones de empresa a empresa, la aplicación del mecanismo de inversión del sujeto pasivo deberá eximir al proveedor no residente de la obligación de identificarse a efectos de IVA o satisfacer el impuesto en la jurisdicción de imposición.

3.130   El mecanismo de inversión del sujeto pasivo no ofrece una solución adecuada para la recaudación del IVA en las operaciones de empresa a consumidor de suministro de servicios e intangibles por parte de proveedores no residentes. El grado de cumplimiento de un mecanismo de inversión del sujeto pasivo en operaciones de empresa a consumidor puede ser escaso, pues para los consumidores privados son pocos los incentivos de declarar y pagar el impuesto que corresponda, menos aún si no se imponen sanciones significativas por incumplir dicha obligación. Asimismo, la recaudación de pequeñas cuantías de IVA de un gran número de consumidores privados puede comportar costos considerables que superen con creces los ingresos obtenidos.

3.131   Los trabajos realizados en el pasado por la OCDE y otras organizaciones internacionales, así como la experiencia práctica en distintos países sugieren que actualmente el mecanismo más efectivo y eficaz para garantizar que se recaude el IVA correspondiente al suministro transfronterizo de servicios e intangibles en operaciones de empresa a consumidor consiste en exigir al proveedor no residente que se registre y satisfaga dicho impuesto ante la jurisdicción de imposición.

3.132   Cuando se aplique un mecanismo de recaudación basado en el registro de proveedores no residentes, se recomienda a las jurisdicciones que consideren la creación de un régimen simplificado de registro y cumplimiento para facilitar el cumplimiento por parte de dichos proveedores. Si las obligaciones que se han de cumplir en la jurisdicción de imposición se limitan a lo estrictamente necesario para la efectiva recaudación del impuesto, se puede incrementar al máximo posible el nivel de cumplimiento por los proveedores no residentes. Para facilitar el cumplimiento por parte de empresas que se encuentran sujetas a obligaciones en numerosas jurisdicciones, resulta especialmente importante alcanzar un grado de simplificación adecuado. Si los procedimientos tradicionales de registro y cumplimiento son complejos, su aplicación a proveedores no residentes de servicios e intangibles en operaciones de empresa a consumidor puede generar obstáculos que deriven en incumplimientos o en una negativa de los proveedores a atender a clientes de jurisdicciones que impongan dichas cargas.

3.133 Un régimen simplificado de registro y cumplimiento para proveedores no residentes en operaciones de suministro de servicios e intangibles de empresa a consumidor funcionaría de forma independiente del régimen tradicional de registro y cumplimiento, sin que comporte los mismos derechos (por ejemplo, la recuperación del impuesto soportado) ni obligaciones (por ejemplo, la presentación de declaraciones en detalle) que el régimen tradicional. La experiencia con regímenes simplificados de registro y cumplimiento ha demostrado que constituyen una solución práctica y relativamente efectiva para garantizar la recaudación del IVA en operaciones de empresa a consumidor de suministros de servicios e intangibles por parte de proveedores no residentes, reduciendo además al máximo las distorsiones económicas y preservando la neutralidad entre proveedores residentes y no residentes. Estos mecanismos permiten que las administraciones tributarias obtengan un importante porcentaje de ingresos fiscales vinculados a operaciones con consumidores finales en su jurisdicción, incurriendo en costos administrativos relativamente limitados.

3.134 Cabe admitir que es necesario alcanzar un equilibrio adecuado entre la simplificación y la necesidad que tienen las administraciones tributarias de proteger los ingresos fiscales. Las administraciones tributarias han de garantizar la recaudación de la cuantía correcta del impuesto y su ingreso por los proveedores, con los que tal vez no tengan relación jurisdiccional alguna. En vista de lo anterior, en el apartado C.3.3 se presentan posibles rasgos principales de un régimen simplificado de registro y cumplimiento para proveedores no residentes que participen en el suministro de servicios e intangibles de empresa a consumidor, equilibrando tanto la necesidad de simplificación como la necesidad de las administraciones tributarias de proteger los ingresos fiscales. El propósito es ayudar a las jurisdicciones fiscales[37] a evaluar y crear un marco propio de recaudación del IVA para suministros de servicios e intangibles de empresa a consumidor por parte de proveedores no residentes, en aras de incrementar la coherencia entre los procesos de cumplimiento que han de seguirse en las diferentes jurisdicciones. Una mayor coherencia entre los distintos regímenes fiscales nacionales facilitará el cumplimiento, en particular por parte de las empresas que asumen obligaciones en varias jurisdicciones, reducirá los costos de cumplimiento y mejorará la efectividad y la calidad de dichos procesos. La coherencia entre los diferentes regímenes también puede contribuir a la eficacia de la cooperación internacional en materias de administración y aplicación de la normativa fiscal.

C.3.3. Principales rasgos de un régimen simplificado de registro y cumplimiento para proveedores no residentes

3.135 En este apartado se analizan las medidas principales que pueden adoptar las jurisdicciones fiscales para simplificar el proceso administrativo y de cumplimiento de un régimen recaudatorio basado en el registro aplicable a operaciones de suministro de servicios e intangibles de empresas a consumidores por parte de proveedores no residentes.

3.136 El propósito de este apartado es ayudar a las jurisdicciones a determinar y crear un marco propio de recaudación del IVA para el suministro de servicios e intangibles de empresa a consumidor por parte de proveedores no residentes, así como sugerir los posibles rasgos principales de un régimen simplificado de registro y cumplimiento. También se plantea si cabe ampliar el ámbito de aplicación de un régimen simplificado de registro y cumplimiento a los suministros transfronterizos de empresa a empresa, y se recuerda el principio de proporcionalidad como principio rector del funcionamiento de un mecanismo recaudatorio basado en el registro para proveedores no residentes. Asimismo, se identifican las posibles medidas de simplificación en relación con cada uno de los siguientes elementos centrales que conforman un régimen simplificado administrativo y de cumplimiento:

- Registro

---

[37] A los efectos de estas Directrices, la jurisdicción fiscal es aquella que se identifica como el lugar de imposición de acuerdo con estas Directrices.

- Recuperación del impuesto soportado - Devoluciones
- Declaraciones
- Pagos
- Conservación de registros contables
- Facturación
- Disponibilidad de información
- Uso de terceros proveedores de servicios

3.137   En este apartado se pone de manifiesto la importante función que desempeñará la tecnología en la simplificación de la administración y el cumplimiento. Muchas administraciones tributarias han adoptado medidas para aprovechar el uso de la tecnología con la finalidad de crear una serie de servicios electrónicos que faciliten sus operaciones, en particular los relacionados con procesos de recaudación de impuestos y prestación de servicios básicos a los contribuyentes. Los motivos para lo anterior resultan bastante obvios, puesto que, si se usan de manera efectiva, estas tecnologías pueden reportar considerables beneficios tanto a las administraciones tributarias como a los contribuyentes (por ejemplo, reducir los costos administrativos y de cumplimiento, agilizar los servicios y hacerlos más accesibles a los contribuyentes). No obstante, el uso de la tecnología solo será efectivo si los elementos básicos del proceso administrativo y de cumplimiento son suficientemente claros y sencillos. Por lo tanto, este apartado atiende principalmente a la posible simplificación de los procedimientos administrativos y de cumplimiento, prestando menos atención a las características tecnológicas en sí, y teniendo presente que es probable que estas sigan evolucionando con el paso del tiempo.

C.3.3.1. Procedimiento de registro

3.138   Un procedimiento de registro sencillo puede constituir un incentivo importante para que los proveedores no residentes interactúen con la autoridad tributaria de una jurisdicción con la que tal vez no tengan otras vinculación más que el suministro de servicios o intangibles a consumidores finales. La información solicitada puede limitarse a los datos necesarios, por ejemplo:

- la denominación de la empresa, incluida su denominación comercial;
- el nombre de la persona encargada de comunicarse con las administraciones tributarias;
- la dirección postal y/o el domicilio social de la empresa y persona de contacto;
- el número de teléfono de la persona de contacto;
- la dirección de correo electrónico de la persona de contacto;
- la URL de los sitios web de proveedores no residentes a través de los cuales se realizan actividades económicas en la jurisdicción fiscal;
- el número de identificación fiscal nacional, si al proveedor se le facilita uno en su jurisdicción para llevar a cabo actividades en dicho fuero.

3.139   Es probable que la forma más sencilla de comunicarse con las administraciones tributarias desde un lugar remoto sea utilizar medios electrónicos. Puede darse acceso a una solicitud de registro en línea en la página de inicio del sitio web de la administración tributaria, preferiblemente en el idioma de los socios comerciales más importantes de esa jurisdicción.

C.3.3.2. Recuperación del impuesto soportado - Devoluciones

3.140   Es razonable que las jurisdicciones fiscales limiten el ámbito de aplicación de un régimen simplificado de registro y cumplimiento a la recaudación de IVA en operaciones de suministro de servicios e intangibles de empresa a consumidor por parte de proveedores no residentes, sin permitir bajo dicho régimen la deducción del impuesto soportado. Si procede, se puede mantener la posibilidad de recuperar el impuesto soportado para los proveedores no residentes bajo el procedimiento habitual de cumplimiento y registro o devolución del IVA.

C.3.3.3. Procedimiento de declaración

3.141   Puesto que los requisitos difieren enormemente entre las distintas jurisdicciones, cumplir las obligaciones de presentar declaraciones de impuestos en múltiples jurisdicciones es un proceso complejo que suele comportar cargas de cumplimiento considerables para los proveedores no residentes. Las administraciones tributarias pueden plantearse permitir que las empresas no residentes presenten declaraciones simplificadas, menos pormenorizadas que las exigidas a las empresas nacionales que tengan derecho a deducir el impuesto soportado. Al fijar los requerimientos de información bajo un régimen simplificado, lo deseable es alcanzar un equilibrio entre la necesidad de simplicidad que precisan las empresas y la necesidad de las administraciones tributarias de verificar si se ha dado debido cumplimiento a las obligaciones fiscales. Esta información puede limitarse a:

* el número de identificación de registro del proveedor;
* el período impositivo;
* la moneda y, si procede, el tipo de cambio utilizado;
* la base imponible a tasa estándar;
* la base imponible a tasas reducidas, en su caso;
* el importe total del impuesto a pagar.

3.142   Para facilitar el cumplimiento, será esencial ofrecer la posibilidad de presentar documentación por medios electrónicos en un formato sencillo y de uso común. Muchas administraciones tributarias ya han introducido o están introduciendo opciones para presentar las declaraciones de impuestos por medios electrónicos.

C.3.3.4. Pagos

3.143   Se recomienda el uso de métodos de pago electrónicos, que permitan a proveedores no residentes satisfacer el impuesto que corresponda por vía electrónica. De este modo, no solo se reduce la carga y el costo del proceso de pago para el proveedor, sino que además disminuyen los costos en los que incurren las administraciones tributarias por la tramitación de los pagos. Las jurisdicciones pueden plantearse la aceptación de pagos en las monedas de sus principales socios comerciales.

C.3.3.5. Conservación de registros contables

3.144   Las administraciones tributarias deben poder analizar datos para comprobar que el impuesto se ha cobrado y satisfecho de manera correcta. Se recomienda a las jurisdicciones permitir el uso de sistemas electrónicos de conservación de registros contables, ya que los procesos empresariales están cada vez más automatizados y los documentos en papel han sido sustituidos de manera general por otros en formato electrónico. Las jurisdicciones pueden plantearse limitar los datos que se tienen que registrar únicamente a aquellos necesarios para acreditar que se ha cobrado y satisfecho correctamente el impuesto correspondiente a cada suministro, así como confiar en la mayor medida posible en la información que se ponga a disposición de los proveedores en el curso normal de su actividad comercial. Estos datos pueden ser, entre otros, el tipo de suministro, la fecha de la operación, el IVA a pagar y la información utilizada para determinar el lugar en el que el cliente tiene su residencia habitual. Las jurisdicciones fiscales pueden exigir que se faciliten estos registros contables en un plazo razonable tras su solicitud.

C.3.3.6. Facturación

3.145 Los requisitos en materia de facturación a efectos de IVA se encuentran entre las responsabilidades más gravosas de los regímenes de este impuesto. Por lo tanto, las jurisdicciones pueden plantearse eliminarlos en operaciones de empresa a consumidor comprendidas en el régimen simplificado de registro y cumplimiento, habida cuenta de que los consumidores que intervienen generalmente no tendrán derecho a deducir el IVA soportado con motivo de la adquisición de dichos suministros.

3.146 Si se exigen facturas, las jurisdicciones pueden plantearse el permitir que estas se emitan de acuerdo con las normas de la jurisdicción del proveedor o aceptar documentación comercial expedida a efectos diferentes del IVA (por ejemplo, recibos electrónicos). Se recomienda que la información consignada en la factura se limite a los datos necesarios para administrar el régimen de IVA (tales como la identificación del cliente, el tipo de suministro y la fecha de la operación, la base imponible y la cuantía de IVA correspondiente a la tasa aplicada, así como la base imponible total). Las jurisdicciones pueden plantearse permitir que dicha factura se presente en los idiomas de sus principales socios comerciales.

C.3.3.7. Disponibilidad de información

3.147 Se alienta a las jurisdicciones a facilitar a través de internet toda la información necesaria, preferiblemente en los idiomas de sus principales socios comerciales, para registrarse en el régimen simplificado de registro y cumplimiento y para aplicarlo. También se insta a las jurisdicciones a proporcionar, a través de Internet, información actualizada y pertinente que las empresas no residentes pudieran necesitar para determinar sus impuestos. Dicha información incluirá, concretamente, datos sobre las tasas aplicables y la clasificación de los productos.

C.3.3.8. Uso de terceros proveedores de servicios

3.148 El cumplimiento por parte de los proveedores no residentes puede facilitarse aún más si a estos se les permite designar a un tercero proveedor de servicios para que les represente en determinados trámites, tales como la presentación de declaraciones. Esta medida puede ser especialmente útil para pequeñas y medianas empresas, así como para negocios que enfrentan obligaciones en varias jurisdicciones.

C.3.3.9. Aplicación en el caso de operaciones de empresa a empresa

3.149 La aplicación de un régimen simplificado de registro y cumplimiento para proveedores no residentes se recomienda principalmente en el contexto de las operaciones de suministro de servicios e intangibles de empresa a empresa por parte de proveedores no residentes. Estas Directrices recomiendan aplicar el mecanismo de inversión del sujeto pasivo a suministros transfronterizos de empresa a empresa de servicios e intangibles imponibles en la jurisdicción donde está situado el cliente, de acuerdo con la Directriz 3.2. Si el cliente tiene derecho a la deducción íntegra del impuesto soportado con motivo de la adquisición, podría ocurrir que la legislación nacional en materia de IVA no exija la aplicación del mecanismo de inversión del sujeto pasivo. Las jurisdicciones cuyas normas generales no diferencien entre operaciones de empresa a empresa y operaciones de empresa a consumidor en su legislación nacional pueden plantearse permitir el uso del régimen simplificado de registro y cumplimiento para ambos tipos de operaciones.

C.3.3.10. Proporcionalidad

3.150 Las jurisdicciones deben velar por la introducción de un mecanismo recaudatorio basado en el registro, respecto de suministros de servicios e intangibles de empresa a consumidor por parte de proveedores no residentes, sin crear cargas administrativas y de cumplimiento desmesuradas con respecto a los ingresos en cuestión o el objetivo de conseguir neutralidad entre los proveedores nacionales y extranjeros (véase también la Directriz 2.6).

3.151   Este objetivo deberá perseguirse principalmente por medio de la aplicación de mecanismos simplificados de registro y cumplimiento que sean consistentes entre las distintas jurisdicciones, y que resulten suficientemente claros y accesibles para permitir un fácil cumplimiento por los proveedores no residentes, sobre todo por parte de pequeñas y medianas empresas. Algunas jurisdicciones han introducido un umbral o monto mínimo de operaciones en la jurisdicción de tributación que, de no alcanzarse, eximirá a los proveedores no residentes de la obligación de recaudar e ingresar el impuesto en dicho fuero, en aras de reducir aún más los costos de cumplimiento. Eximir a los proveedores de la obligación de registrarse en jurisdicciones en las que el valor de sus ventas sea nimio no generaría pérdidas de ingresos netas importantes, habida cuenta de que también comportará menos gastos para la administración tributaria. La introducción de este tipo de umbrales o montos mínimos debe ser objeto de una atenta consideración. Debe alcanzarse un equilibrio entre reducir al máximo las cargas de cumplimiento para proveedores no residentes y los costos de la administración tributaria, garantizando al mismo tiempo que las empresas residentes no queden en situación de desventaja competitiva.

C.3.4. Cooperación internacional de apoyo a la recaudación del IVA en casos en los que el proveedor no está ubicado en la jurisdicción de imposición

3.152   Pese a que la simplificación es un medio primordial para aumentar el cumplimiento por parte de proveedores no residentes con un mecanismo recaudatorio basado en el registro para los suministros transfronterizos de servicios e intangibles de empresa a consumidor, es necesario reforzar la capacidad de las autoridades tributarias para hacer cumplir las normas mediante una mayor cooperación internacional entre las administraciones tributarias en materia de impuestos indirectos.

3.153   Esta mejora de la cooperación internacional podrá orientarse prioritariamente al intercambio de información y la asistencia en el cobro de impuesto. La asistencia administrativa mutua constituye un medio esencial para que el gravamen correspondiente a los suministros transfronterizos de servicios e intangibles por parte de proveedores no residentes se recaude e ingrese correctamente. También resultará útil para identificar a proveedores, verificar la condición de clientes, hacer un seguimiento del volumen de operaciones y garantizar el cobro de la cuantía de IVA correcta. El intercambio de información entre las autoridades tributarias de las jurisdicciones de suministro y de consumo reviste una importancia crucial, pudiendo abarcar el intercambio espontáneo de información.

3.154   El apartado B del Capítulo 4 de estas Directrices describe los instrumentos principales con los que cuenta la OCDE en materia de intercambio de información y otras formas de asistencia administrativa mutua que pueden ayudar a las jurisdicciones a reforzar la cooperación administrativa internacional en relación con los impuestos indirectos. Las presentes Directrices recomiendan que las jurisdicciones adopten las medidas pertinentes para potenciar el uso de estos y otros instrumentos jurídicos disponibles en materia de cooperación administrativa internacional, a fin de garantizar una recaudación eficaz del IVA en los suministros transfronterizos de servicios e intangibles de empresa a consumidor por parte de empresas no residentes. Dicha cooperación puede potenciarse con la creación de un estándar común para el intercambio de información, que sea sencillo, reduzca al máximo los costos para las administraciones tributarias y las empresas, limitando la cantidad de datos intercambiados, y que pueda implementarse en breve plazo. Habida cuenta de lo que antecede, el Comité de Asuntos Fiscales (CAF) de la OCDE tiene intención de seguir trabajando en una guía pormenorizada para el intercambio eficaz de información y otras formas de asistencia mutua entre las autoridades tributarias en materia de impuestos indirectos.

D. Operaciones de empresa a empresa y operaciones de empresa a consumidor - Reglas específicas

D.1. Marco de evaluación para valorar la conveniencia de una regla específica

---

Directriz 3.7

Los derechos de imposición sobre operaciones de comercio internacional de servicios o intangibles entre empresas pueden adjudicarse atendiendo a un indicador que no sea la ubicación del cliente, tal como establece la Directriz 3.2, si se cumplen las dos condiciones siguientes:

La adjudicación de los derechos de imposición atendiendo a la ubicación del cliente no ofrece un resultado adecuado según los siguientes criterios:

- Neutralidad
- Eficiencia en el cumplimiento y la administración
- Certeza y simplicidad
- Efectividad
- Justicia

Un indicador diferente de la ubicación del cliente ofrece un resultado significativamente mejor según estos mismos criterios.

Del mismo modo, los derechos de imposición sobre operaciones de comercio internacional con servicios o intangibles entre empresas pueden adjudicarse atendiendo a un indicador que no sea el lugar de ejecución, como establece la Directriz 3.5, ni la residencia habitual del cliente, como establece la Directriz 3.6, cuando se cumplan las dos condiciones que figuran en los puntos a. y b. anteriores.

3.155   Según la Directriz 3.2, la jurisdicción donde está situado el cliente ostenta los derechos de imposición sobre los suministros transfronterizos de servicios o intangibles de empresa a empresa. Esta es la regla general para determinar el lugar de imposición de los suministros de servicios e intangibles de empresa a empresa. En operaciones de empresa a consumidor, las Directrices 3.5 y 3.6 recogen sendas reglas generales para dos tipos principales de suministros de servicios e intangibles:

- De acuerdo con la Directriz 3.5, la jurisdicción en la que se desempeña presencialmente el suministro ostenta los derechos de imposición sobre los suministros *in situ* de servicios e intangibles de empresas a consumidores[38].

- De acuerdo con la Directriz 3.6, la jurisdicción en la que el cliente tiene su residencia habitual posee los derechos de imposición sobre los suministros de empresa a consumidor de servicios e intangibles distintos de aquellos que son objeto de la Directriz 3.5.

3.156   Estas reglas generales pueden no arrojar un resultado fiscal apropiado en todos los casos y, cuando así sea, podrá estar justificada la adjudicación de los derechos de imposición atendiendo a un indicador diferente. En las presentes Directrices, una norma según la cual se adjudiquen los derechos de imposición usando un indicador distinto al recomendado por la Directriz 3.2 (para operaciones de empresa a empresa) o la Directriz 3.5 y 3.6 (para operaciones de empresa a consumidor) se denominará «regla

---

[38] Los suministros *in situ* son servicios e intangibles que normalmente se realizan presencialmente en un lugar fácil de identificar y se consumen al mismo tiempo y en el mismo lugar en el que se realizan, con la concurrencia de la persona que los suministra y aquella que los consume (véase el párr. 3.116).

específica». Una regla de este tipo utilizará un indicador diferente (por ejemplo, la ubicación del bien tangible mueble o inmueble, la ubicación real del cliente o el lugar de uso y disfrute efectivo) para determinar a qué jurisdicción le corresponden los derechos de imposición sobre el suministro de un servicio o intangible comprendido dentro del ámbito de aplicación de la regla. Dicha regla específica debe basarse en criterios claros y su aplicación ha de ser limitada. La Directriz 3.7 describe este tipo de criterios y expone cómo pueden justificar la aplicación de una regla específica.

3.157   En la Directriz 3.7, se recomienda un método de dos pasos para determinar si está justificado el uso de una regla específica:

- El primer paso es comprobar si la regla general que corresponda arroja un resultado adecuado de acuerdo con los criterios expuestos en la Directriz 3.7. De ser así, no será necesaria una regla específica. Si el análisis sugiere que la regla general que corresponda no arroja un resultado adecuado, puede estar justificado el uso de una regla específica. En tal caso, será necesario un segundo paso.

- El segundo paso será comprobar si la regla específica propuesta cumple los criterios de la Directriz 3.7. El uso de una regla específica solo estará justificado cuando este análisis apunte a que se obtiene un resultado significativamente mejor que si se aplica la regla general correspondiente.

3.158   Estas Directrices no pretenden identificar los tipos de suministros de servicios o intangibles, ni tampoco las circunstancias ni factores particulares respecto a los cuales podría estar justificado el uso de una regla específica. En cambio, ofrecen un marco de evaluación para que las jurisdicciones valoren la conveniencia de una regla específica en un contexto comercial y tecnológico caracterizado por cambios constantes. En los siguientes párrafos se describe dicho marco de manera más pormenorizada.

3.159   El marco de evaluación para valorar la conveniencia de una regla específica se basa en el objetivo general de las Directrices sobre el lugar de imposición que se describen en el párrafo 3.3. De acuerdo con dicho objetivo, el marco de evaluación para valorar la conveniencia de una regla específica sobre el lugar de imposición queda conformado por los siguientes criterios:

- Neutralidad: Las seis Directrices sobre neutralidad y sus comentarios (Directrices 2.1 a 2.6).

- Eficiencia en el cumplimiento y la administración: Deben reducirse, en la medida de lo posible, los costos de cumplimiento soportados por los contribuyentes y los gastos administrativos que recaen sobre las autoridades tributarias.

- Certeza y simplicidad: Las normas tributarias han de ser claras y fáciles de entender, de forma que los obligados tributarios puedan anticiparse a las consecuencias fiscales antes incluso de realizar cualquier operación, lo que implica saber cuándo, dónde y cómo satisfacer sus obligaciones fiscales.

- Efectividad: Los sistemas tributarios han de generar la cuantía idónea de impuestos en tiempo y forma.

- Justicia: Deben reducirse al máximo las posibilidades de evasión y elusión al tiempo que se combaten mediante la adopción de medidas proporcionales a los riesgos enfrentados.

3.160   Para garantizar que el régimen fiscal de los suministros objeto de comercio internacional se ajuste a estos criterios, es necesario aplicar y definir de manera uniforme las normas sobre el lugar de imposición. Las reglas generales de las Directrices 3.2, 3.5 y 3.6 exponen los mecanismos recomendados para garantizar una determinación sistemática del lugar de imposición de los servicios e intangibles comercializados internacionalmente. Debe limitarse, en la mayor medida posible, el uso de reglas específicas que empleen indicadores diferentes de estos mecanismos principales, puesto que la existencia de reglas específicas aumentará el riesgo de que se produzcan discrepancias entre las jurisdicciones en cuanto a su interpretación y aplicación y, por ende, aumentarán los riesgos de doble imposición y no imposición involuntaria[39].

3.161   Al valorar la conveniencia de una regla específica tomando como base el marco de evaluación que se señala anteriormente, deberá considerarse cada uno de los criterios, reconociendo además que constituyen un conjunto de condiciones. No se puede valorar cada criterio individual de manera aislada, puesto que todos ellos están interrelacionados. Por ejemplo, la neutralidad, tal como se describe en las Directrices sobre esta materia, y la eficiencia en el cumplimiento y la administración son complementarias. De la misma manera, la eficiencia depende del grado de certeza y simplicidad, al tiempo que estos dos principios son también fundamentales para lograr efectividad y justicia. Por lo tanto, es improbable que la evaluación del resultado que se obtiene al aplicar una regla general (o una regla específica alternativa) en una situación concreta arroje una puntuación muy baja cuando se analice con respecto a uno o dos criterios y mucho más elevada si se tienen también en cuenta los demás criterios. Se espera, más bien, que la evaluación arroje un resultado global positivo o negativo.

3.162   En consecuencia, se recomienda que las jurisdicciones solo se planteen aplicar una regla específica para adjudicar los derechos de imposición sobre los servicios e intangibles comercializados internacionalmente si el resultado global de la evaluación, realizada siguiendo los criterios expuestos en la Directriz 3.7, indica que la aplicación de la regla general correspondiente no genera un resultado adecuado, y una evaluación realizada de acuerdo con los mismos criterios indica que la regla específica propuesta mejora significativamente el resultado.

3.163   Si bien existe cierta subjetividad sobre lo que constituye un «resultado adecuado» y lo que no, y lo que es un «resultado significativamente mejor», la Directriz 3.7 facilita un marco para valorar la conveniencia de una regla específica que debe contribuir a que la adopción de una norma tal sea más transparente, sistemática y verificable. No resulta viable ni deseable facilitar instrucciones más prescriptivas sobre cuál debe ser el resultado de la evaluación en relación con todos los suministros de servicios e intangibles. No obstante, los siguientes párrafos ofrecen más consideraciones y consejos específicos respecto a suministros de servicios e intangibles concretos a los que puede ser pertinente aplicar una regla específica en algunas circunstancias y condiciones. La evaluación debe plantearse desde la perspectiva tanto de las empresas como de las administraciones tributarias.

D.2. Circunstancias en las que puede ser conveniente una regla específica

3.164   Las reglas generales sobre el lugar de imposición que se exponen en la Directriz 3.2, para operaciones de empresa a empresa, y en las Directrices 3.5 y 3.6, para operaciones de empresa a consumidor, arrojarán un resultado adecuado de acuerdo con los criterios expuestos en la Directriz 3.7. en la mayor parte de los casos. No obstante, en los siguientes párrafos se describen una serie de circunstancias concretas en las que las jurisdicciones pueden considerar que la aplicación de dichas reglas generales arrojará un resultado inadecuado según tales criterios, y que este podría mejorar con la aplicación de una regla específica.

---

[39] Esto no deberá interpretarse como una indicación de que los países deben cambiar su legislación para incorporar literalmente las Directrices 3.2, 3.5 y 3.6 en la legislación nacional como normas jurídicas. En cambio, las Directrices recomiendan cuál debe ser el resultado último de las normas nacionales relativas al lugar de imposición, como quiera que se describan en las leyes correspondientes, sin señalar de manera particular por qué medio alcanzar dicho resultado.

3.165   En el contexto de las operaciones de empresa a empresa, la regla general basada en la ubicación del cliente puede no arrojar un resultado adecuado según los criterios de la Directriz 3.7 y es posible que una regla específica lo mejore significativamente en situaciones en las que concurran todas las circunstancias siguientes:

* los servicios o intangibles concretos suelen suministrarse tanto a empresas como a consumidores finales;
* el servicio exige, de algún modo, la presencia física de la persona que lo presta y de la persona que lo recibe; y
* el servicio se emplea en un lugar fácil de identificar.

3.166   Si se obligase a las empresas que suelen suministrar servicios o intangibles a un gran número de clientes por una cuantía relativamente reducida y en un breve espacio de tiempo (por ejemplo, servicios de restaurantes) a aplicar la regla general basada en la ubicación del cliente para operaciones de empresa a empresa, este requisito impondría una carga de cumplimiento considerable a los proveedores. De hecho, cualquier cliente, sea o no una empresa, puede declarar sencillamente que es una empresa establecida en otro país y solicitar que no se le cobre IVA. En tal caso, el proveedor corre un riesgo considerable, al recaer en él la responsabilidad de no haber declarado ese impuesto si posteriormente se demuestra que el cliente no era una empresa radicada en otro país (se incumplen los criterios de certeza y simplicidad). De este modo, también se dificultarían los controles por parte de las administraciones tributarias, ya que puede ser complejo acreditar la ubicación (incumplimiento del criterio de eficiencia). Estas mismas consideraciones pueden aplicarse a servicios que consistan en la concesión de derechos para acceder a acontecimientos, tales como un concierto, un evento deportivo o incluso una feria comercial o una exposición, que están orientados principalmente a empresas. Si se puede comprar un tique en la entrada del edificio en el que tiene lugar el evento, podrán recibir el servicio tanto empresas como consumidores finales. En estos casos, de acuerdo con la regla general basada en la ubicación del cliente para operaciones de empresa a empresa, el proveedor se enfrenta a la dificultad y el riesgo de tener que identificar y acreditar la condición y ubicación del cliente. Por lo tanto, pueden incumplirse los criterios de eficiencia, certeza y simplicidad, pudiendo estar también en cuestión el de justicia. La adopción de una regla específica que adjudique los derechos de imposición a la jurisdicción en la que tiene lugar el evento puede arrojar un resultado significativamente mejor según los criterios de la Directriz 3.7. En dichas circunstancias, las jurisdicciones pueden plantearse utilizar un indicador basado en el lugar de ejecución físico, que se aplique tanto a operaciones de empresa a empresa como a operaciones de empresa a consumidor (véase la Directriz 3.5).

3.167   En las operaciones de empresa a consumidor, las jurisdicciones pueden considerar que las reglas generales expuestas en las Directrices 3.5 y 3.6 no arrojan un resultado adecuado según los criterios de la Directriz 3.7 en determinadas circunstancias concretas, si provocan una adjudicación de los derechos de imposición que resulta ineficiente y demasiado gravosa desde un punto de vista administrativo (incumplimiento de los criterios de eficiencia y certeza y simplicidad) y/o no predicen con suficiente exactitud el posible lugar de consumo final (incumplimiento del criterio de efectividad y neutralidad). Así puede ocurrir, por ejemplo, en las siguientes circunstancias:

* La regla general basada en el lugar de ejecución físico (Directriz 3.5), con respecto a los suministros *in situ* de servicios e intangibles, puede no arrojar un resultado adecuado según los criterios de la Directriz 3.7 en casos en los que la ejecución presencial se produzca en varias

jurisdicciones, ya que pueden surgir obligaciones fiscales en varias de ellas (incumplimiento de los criterios de eficiencia y los requisitos de certeza y simplicidad). Un ejemplo sería el transporte internacional de personas.

- En casos en los que lo más probable sea que el consumo se produzca en un lugar que no sea la residencia habitual del cliente, la regla general basada en la residencia habitual para gravar los suministros de servicios e intangibles que no sean objeto de la Directriz 3.5 (Directriz 3.6) puede no predecir con suficiente exactitud el lugar de consumo final (incumplimiento de los criterios de efectividad y neutralidad). Algunos ejemplos pueden ser servicios e intangibles que se ejecutan en un lugar fácil de identificar y que requieran la presencia física de la persona que hace uso de ellos, pero no la de la persona que los desempeña, por ejemplo facilitar acceso a internet en un cibercafé o en el vestíbulo de un hotel, el uso de un teléfono público para hacer una llamada o el acceso a canales de televisión en la habitación de un hotel a cambio del pago de una tarifa[40]. En tales casos, parece razonable suponer que los proveedores conocerán o podrán conocer la ubicación real del cliente en el momento probable de consumo y las jurisdicciones pueden plantearse por tanto utilizar la ubicación del consumidor en el momento del suministro como indicador del lugar de consumo.

D.3. Consideraciones especiales con respecto a suministros de servicios e intangibles directamente vinculados a bienes corporales

3.168   Las jurisdicciones suelen decantarse por la ubicación del bien corporal como criterio para determinar el lugar de imposición de los suministros de servicios e intangibles vinculados a bienes corporales o al suministro de tales bienes. El uso empresarial o el consumo final de estos servicios se considera tan vinculado al uso empresarial o el consumo final del propio bien tangible que la ubicación de este último se tiene por el lugar de imposición más adecuado.

3.169   En los siguientes apartados se analizan de manera específica los servicios e intangibles vinculados a bienes inmuebles, pues se trata de un ámbito especialmente complejo en el que muchas jurisdicciones ya aplican una regla específica tanto para operaciones de empresa a consumidor como para operaciones de empresa a empresa (apartados D.3.1 a D.3.4). Con carácter complementario, se incluye otro apartado sobre servicios e intangibles vinculados a bienes corporales muebles, en el que se explica que una norma basada en la ubicación del bien corporal mueble puede resultar especialmente adecuada para identificar el lugar de imposición en el caso de las operaciones de empresa a consumidor (apartado D.3.5).

D.3.1. Regla específica para suministros de servicios e intangibles directamente vinculados a bienes inmuebles

---

Directriz 3.8

En el caso de los suministros de servicios e intangibles directamente vinculados a bienes inmuebles, los derechos de imposición pueden adjudicarse a la jurisdicción en la que se encuentra situado dicho inmueble.

3.170   De acuerdo con esta regla específica, los derechos de imposición pueden asignarse a la jurisdicción en la que se encuentra situado dicho inmueble.

---

[40] Las operaciones que se describen en estos ejemplos se producen en un lugar fácil de identificar y exigen la presencia física de la persona que hace uso del suministro pero no de la persona que lo desempeña. Por lo tanto, no se trata de suministros «*in situ*» objeto de la Directriz 3.5 y su lugar de imposición se determinará, *a priori*, atendiendo a la residencia habitual del cliente, de acuerdo con la Directriz 3.6.

3.171   Esta Directriz no incluye una relación de los suministros de servicios e intangibles concretos que pueden entrar o no dentro del ámbito de aplicación de esta regla específica. En cambio, identifica sus rasgos comunes y establece categorías de suministros de servicios e intangibles respecto a los cuales pueden cumplirse las condiciones expuestas en la Directriz 3.7 y a los que, por tanto, puede estar justificado aplicar una regla específica de ese tipo.

D.3.2. Circunstancias en las que puede resultar oportuna la aplicación de una regla específica a suministros de servicios e intangibles directamente vinculados a un bien inmueble

3.172   Cuando los servicios e intangibles comercializados internacionalmente están directamente vinculados a un bien inmueble, pueden concurrir circunstancias en las que resulte oportuno aplicar una regla específica que adjudique los derechos de imposición a la jurisdicción en la que se encuentra situado dicho inmueble.

3.173   Este será el caso más probable cuando un suministro de servicios o intangibles pertenezca a una de las siguientes categorías:

- transmisión, venta, arrendamiento o derecho a utilizar, ocupar, explotar o disfrutar de bienes inmuebles;
- suministros de servicios prestados presencialmente sobre el propio bien inmueble, tales como construcción, remodelación y mantenimiento de este; u
- otros suministros de servicios e intangibles que no entren dentro de las dos primeras categorías pero que presenten una asociación o vínculo muy estrecho, claro y obvio con el bien inmueble.

3.174   La segunda condición para aplicar una regla específica en virtud de la Directriz 3.7 exige que esta ofrezca un resultado significativamente mejor que la regla general correspondiente cuando se evalúa según los criterios expuestos en la Directriz 3.7. Si bien es razonable suponer que esta segunda condición se cumpla en el caso de las dos primeras categorías de suministros que se han identificado anteriormente, para saber si es así en el caso de las operaciones mencionadas en la última categoría anterior, puede ser necesaria una evaluación conforme a lo expuesto en la Directriz 3.7 antes de plantear la aplicación de una regla específica.

D.3.3. Rasgos comunes de los suministros de servicios e intangibles directamente vinculados a un bien inmueble

3.175   Los suministros de servicios e intangibles a los que se puede aplicar la Directriz 3.8 se denominan «servicios directamente vinculados a bienes inmuebles». Esta expresión no reviste un significado independiente, sino que únicamente trata de acotar el ámbito de aplicación de la regla específica en el sentido de contemplar que debe existir una asociación o un vínculo muy estrecho, claro y obvio entre la operación y el bien inmueble. Solo se considera que existe tal asociación o vínculo muy estrecho, claro y obvio cuando el bien inmueble puede identificarse con claridad.

3.176   Para que la operación se considere directamente vinculada al bien inmueble, no basta con que la vinculación sea un mero rasgo característico del suministro, entre muchos otros, sino que ha de constituir un elemento central de la operación y su rasgo predominante. Esta circunstancia resulta especialmente relevante en el caso de suministros combinados relacionados con bienes inmuebles. Si la vinculación con un bien inmueble es solo una parte de la operación, esto no bastará para incluir el suministro en una de estas tres categorías.

3.177   La transmisión, venta, arrendamiento o derecho a utilizar, ocupar, explotar o disfrutar de los bienes inmuebles abarca todos los tipos de utilización de bienes inmuebles, entre ellos los suministros de servicios e intangibles «provenientes desde» dicho bien (en oposición a otras circunstancias en las que los suministros van dirigidos al bien inmueble). Por lo tanto, los términos «transmisión», «arrendamiento» o «derecho a usar, ocupar, explotar o disfrutar de» no deben interpretarse en sentido estricto según su tipificación en la legislación nacional. No obstante, cabe señalar que estas operaciones solo entran dentro del ámbito de aplicación de esta Directriz cuando son consideradas suministros de servicios o intangibles por la legislación nacional, es decir, cuando no tienen la consideración de suministros de bienes o de bienes inmuebles[41].

3.178   La prestación de servicios tales como la construcción, remodelación y mantenimiento de bienes inmuebles engloba servicios que suelen tener naturaleza material, en oposición a aquellos de índole intelectual, por ejemplo. Estas prestaciones de servicios se realizan presencialmente en el propio bien inmueble. Se trata de servicios que tienen por objeto modificar o mantener la condición física del bien inmueble. En la práctica, los casos más habituales que se encuentran son, entre otros, la construcción de un edificio[42] y también su renovación o demolición, pintado o incluso limpieza (interior o exterior).

3.179   Además de la utilización de bienes inmuebles y servicios prestados presencialmente sobre el propio bien inmueble, pueden existir otros suministros de servicios e intangibles en los que concurra una asociación o vínculo muy estrecho, claro y obvio con el bien inmueble, y en los que la imposición en la jurisdicción donde este esté situado ofrezca un resultado significativamente mejor que la regla general correspondiente de acuerdo con los criterios definidos en la Directriz 3.7. Al plantear la adopción de una regla específica, las jurisdicciones tal vez deseen tener en cuenta, además de la exigencia de una asociación o vínculo muy estrecho, claro y obvio entre el suministro y el bien inmueble, si dicha regla específica tiene suficientes posibilidades de aplicarse y hacerse cumplir en la práctica. Por ejemplo, puede considerarse que determinados servicios intelectuales[43], tales como los servicios de arquitectura relacionados con bienes inmuebles específicos e identificables de manera clara, poseen una vinculación suficientemente estrecha con el bien inmueble.

3.180   Algunos ejemplos de servicios e intangibles vinculados a bienes muebles son, entre otros, servicios prestados presencialmente sobre bienes muebles específicos, como reparar, reformar o mantener el bien, y el alquiler de bienes muebles específicos cuando esto se considere un servicio. Las jurisdicciones pueden plantearse aplicar un método basado en la ubicación de los bienes corporales muebles para identificar el lugar de imposición de los suministros de servicios e intangibles vinculados a dichos bienes. Este planteamiento garantiza que las normas sobre el lugar de imposición de dichos suministros pongan de manifiesto de manera razonablemente precisa el lugar en el que puede producirse el consumo de los servicios o intangibles. Además, a los proveedores les resultará relativamente sencillo aplicarla en la práctica, en particular en el caso de operaciones de empresa a consumidor. Los servicios o intangibles vinculados al suministro de bienes corporales muebles a consumidores finales, tales como servicios de reparación, se emplearán generalmente en la jurisdicción en la que se encuentra ubicado el

---

[41] A tales operaciones se aplicarán otras normas, pese a que el resultado pudiera ser el mismo.

[42] De no tratarse como un suministro de bienes o bienes inmuebles, al que podrían aplicarse otras normas, pese a que el resultado pudiera ser el mismo.

[43] El adjetivo «intelectual» tiene un sentido general, pues no se limita a las profesiones reguladas.

bien. Los bienes corporales muebles que se envían al extranjero una vez prestado el servicio se gravarán generalmente con IVA en la importación, de acuerdo con las normas aduaneras habituales, cuando crucen la frontera. De este modo, se garantiza la adjudicación de los derechos de imposición a la jurisdicción de consumo cuando los bienes corporales salen del país. Por lo general, las jurisdicciones complementan estas normas ofreciendo una franquicia temporal de IVA en la jurisdicción en la que tiene lugar el suministro y en la que el bien mueble se encuentra ubicado temporalmente para su posterior exportación. Este tratamiento queda fuera del ámbito de aplicación de las presentes Directrices[44].

3.181   Por lo que respecta a las operaciones de suministro de servicios e intangibles vinculados a bienes muebles de empresa a empresa, la aplicación de la regla general basada en la ubicación del cliente arrojará generalmente un resultado adecuado.

---

[44] El tratamiento de los servicios accesorios a la exportación o importación de bienes (a saber, embalaje, carga, transporte, seguro etc.) también queda fuera del ámbito de aplicación de estas Directrices.

Anexo I del Capítulo 3

Ejemplos de aplicación de la regla general sobre el lugar de imposición para operaciones de suministro de servicios e intangibles de empresa a empresa a entidades con establecimiento en una única jurisdicción

Los ejemplos del presente anexo tienen por objeto ilustrar la aplicación de los principios expuestos en las Directrices y, por lo tanto, no pretenden tener un carácter exhaustivo. El lugar de imposición de servicios e intangibles comercializados internacionalmente se determinará de acuerdo con los hechos que concurran en cada caso particular.

Ejemplo 1. Operación en la que intervienen 2 personas jurídicas diferentes (estén o no relacionadas mediante propiedad común)

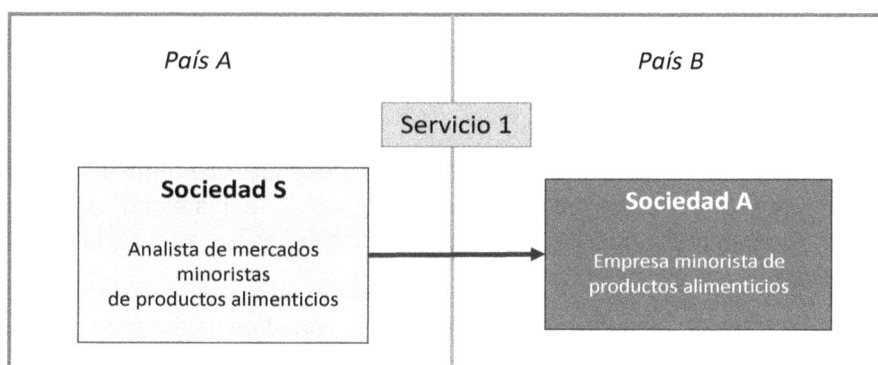

Hechos del supuesto

La Sociedad S es una empresa radicada en el País A, especializada en el análisis de mercados minoristas de productos alimenticios. La Sociedad A es una empresa minorista de productos alimenticios radicada en el País B. Ni la Sociedad S ni la Sociedad A poseen otros establecimientos a efectos de IVA. La Sociedad A se está planteando expandir sus actividades minoristas fuera del País B y, para ello, se pone en contacto con la Sociedad S. Las dos empresas celebran un acuerdo comercial por el cual la Sociedad S realizará un análisis de las condiciones de mercado del País A para la Sociedad A. La Sociedad A pagará a la Sociedad S una suma de dinero en contraprestación por el cumplimiento de las obligaciones que le corresponden en virtud de este acuerdo comercial.

Lugar de imposición

En el acuerdo comercial, la Sociedad S interviene en calidad de proveedor y la Sociedad B interviene en calidad de cliente. El proveedor prestará un servicio al cliente a cambio de una contraprestación. De acuerdo con la regla general aplicable a operaciones de empresa a empresa (Directriz 3.2), el lugar de imposición será el País B, es decir, aquel en el que se encuentra el cliente.

El resultado no varía aunque el proveedor y el cliente sean dos personas jurídicas diferentes vinculadas mediante propiedad.

Ejemplo 2. Dos operaciones diferentes en las que intervienen tres personas jurídicas distintas

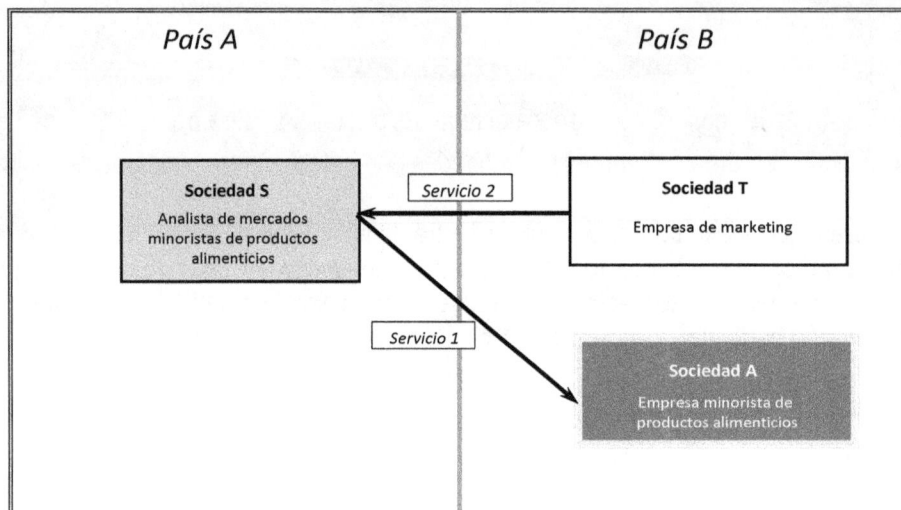

Hechos del supuesto

La Sociedad A solicita posteriormente a la Sociedad S que también realice un estudio sobre su propio mercado en el País B, por lo que la Sociedad S contrata los servicios de una empresa de marketing en el País B: la Sociedad T. Esta empresa no tiene vinculación alguna con la Sociedad S ni con la Sociedad A en razón de su propiedad.

La Sociedad T presta servicios de marketing a la Sociedad S en virtud de un acuerdo comercial (Servicio 2). La prestación del Servicio 1 entre la Sociedad S y la Sociedad A (que se señalada en el Ejemplo 1 – análisis de las condiciones de mercado en el País A) se mantiene sin cambios.

Lugar de imposición

Conforme al acuerdo comercial, la Sociedad T interviene en calidad de proveedor y la Sociedad S interviene en calidad de cliente. Se produce una prestación de servicios a cambio de una contraprestación. Por lo tanto, de acuerdo con la regla general aplicable a operaciones de empresa a empresa (Directriz 3.2), la prestación de servicios por parte de la Sociedad T se gravará en el País A, puesto que es el país en el que se encuentra situado el cliente. Estas dos operaciones son independientes y, por lo tanto, así se tratan.

El resultado del Servicio 1 que se señala en el Ejemplo 1 no se verá afectado en lo absoluto.

Ejemplo 3. Un acuerdo global

En este ejemplo se ilustran las operaciones que tienen lugar cuando se celebra un acuerdo global para la prestación de servicios de auditoría entre la empresa matriz de un grupo auditor y una sociedad en la que están centralizadas las compras de un grupo que requiere contratar servicios de ese tipo para otras sociedades del grupo en diferentes países.

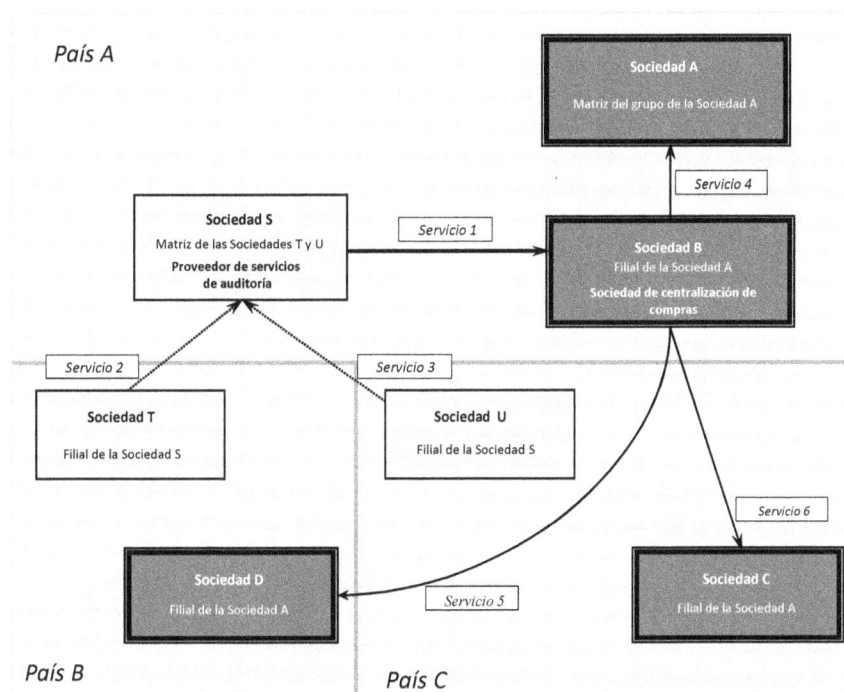

Hechos del supuesto

La Sociedad B es una entidad que centraliza las compras del grupo multinacional al que pertenece, situada en el País A. Su grupo posee filiales en todo el mundo, entre ellas la Sociedad D en el País B y la Sociedad C en el País C. La empresa matriz de la Sociedad B es la Sociedad A, situada también en el País A.

La Sociedad S del País A es la empresa matriz de un grupo multinacional de empresas de auditoría con filiales en todo el mundo, entre ellas la Sociedad T en el País B y la Sociedad U en el País C.

El Grupo de la Sociedad A requiere un servicio de auditoría global para cumplir las exigencias legales que se les imponen a las sociedades del País A y a sus filiales en los Países B y C. La Sociedad B contrata el servicio de auditoría global para todo el grupo y celebra, a tal efecto, un acuerdo de centralización de compras con la Sociedad S para la prestación de servicios de auditoría a todo el Grupo de la Sociedad A. El pago se realizará con arreglo a cada acuerdo comercial.

El servicio de auditoría global lo presta la Sociedad S a la Sociedad B a cambio de una contraprestación. Aunque este servicio comprende el suministro de todos los componentes del acuerdo global, en realidad la Sociedad S solo puede prestar una parte de los servicios directamente, a saber, los prestados a las Sociedades A y B, que se encuentran radicadas en el País A. Para poder cumplir el resto del acuerdo, la Sociedad S celebra acuerdos comerciales con dos de sus filiales, la Sociedad T y la Sociedad U, según los cuales estas sociedades facilitarán servicios de auditoría a su Sociedad matriz S. Las Sociedades S y T prestan dichos servicios directamente a las filiales de la Sociedad A. Estas filiales, las Sociedades C y

D, están localizadas en los mismos países que las filiales de la Sociedad A que les prestan servicios de auditoría.

La Sociedad B celebra acuerdos comerciales por separado con su Sociedad matriz A y con las filiales C y D de la Sociedad A, respectivamente. En virtud de dichos acuerdos comerciales, la Sociedad B presta los servicios de auditoría, que ha contratado a la Sociedad S, a la Sociedad A y a las sucursales C y D de la Sociedad A.

En este ejemplo, se concluyen seis acuerdos comerciales diferentes, cada uno de ellos para la prestación de un servicio a título oneroso:

- En el acuerdo de centralización de compras (Servicio 1), la Sociedad S interviene en calidad de proveedor y la Sociedad B interviene en calidad de cliente.
- Las Sociedades T y U intervienen en calidad de proveedores y la Sociedad S interviene en calidad de cliente en sendos acuerdos comerciales (Servicio 2 y Servicio 3).
- En otro acuerdo distinto (Servicio 4), la Sociedad B interviene en calidad de proveedor y la Sociedad A interviene en calidad de cliente.
- La Sociedad B interviene en calidad de proveedor y las Sociedades D y C intervienen en calidad de clientes en sendos acuerdos comerciales (Servicio 5 y Servicio 6).

El lugar de imposición de cada operación se decidirá en función de cada caso.

Lugar de imposición

De acuerdo con la regla general aplicable a las operaciones de empresa a empresa (Directriz 3.2), el lugar de imposición de la prestación del Servicio 1 entre la Sociedad S y la Sociedad B será el País A, puesto que la Sociedad B se encuentra en el País A. De acuerdo con la regla general aplicable a operaciones de empresa a empresa (Directriz 3.2), el lugar de imposición de la prestación de los Servicios 2 y 3 entre la Sociedad T y la Sociedad U, en calidad de proveedores, y la Sociedad S, en calidad de cliente, es el País A en ambos casos. De acuerdo con la regla general aplicable a las operaciones de empresa a empresa (Directriz 3.2), el lugar de imposición de la prestación del Servicio 4 entre la Sociedad B y la Sociedad A será el País A, puesto que la Sociedad A se encuentra en el País A. De acuerdo con la regla general aplicable a operaciones de empresa a empresa (Directriz 3.2), el lugar de imposición de la prestación del Servicio 5 entre la Sociedad B y la Sociedad D será el País B, puesto que es el país en el que se encuentra el cliente. De acuerdo con la regla general aplicable a operaciones de empresa a empresa (Directriz 3.2), el lugar de imposición de la prestación del Servicio 6 entre la Sociedad B y la Sociedad C será el País C, porque es el país en el que se encuentra el cliente.

Cabe señalar que los servicios de auditoría que prestan la Sociedad T y la Sociedad U son «contratados con» la Sociedad S, aunque son «prestados» directamente a la Sociedad D y la Sociedad C. El hecho de que los servicios sean *contratados con* una entidad diferente de aquella a la que se «prestan» es irrelevante en este ejemplo para determinar el lugar de imposición, puesto que este seguirá siendo el lugar donde se encuentra el cliente, ya que ese es el criterio que sigue a la regla general aplicable a las operaciones de empresa a empresa (Directriz 3.2), y no la persona ni el lugar a los que se prestan directamente.

El motivo es que, en cada una de las fases de este ejemplo, todas las prestaciones de servicios estarán sujetas a las normas fiscales de la jurisdicción en la que está situado el cliente y se considera que los servicios son utilizados por la empresa, con arreglo al principio de destino que sigue la regla general para las operaciones de empresa a empresa (Directriz 3.2). En los Países A, B y C no se incurre en una doble imposición ni tampoco en una no imposición involuntaria. En particular, el impuesto que se devenga a favor de los Países B y C corresponde al uso de los servicios por las empresas en dichos países, de acuerdo con la regla general aplicable a operaciones de empresa a empresa (Directriz 3.2), que considera la ubicación del cliente como indicador adecuado de la jurisdicción de uso empresarial, en aplicación del principio de destino. No existe motivo alguno para apartarse de los acuerdos comerciales, siguiendo, por ejemplo, la interacción entre la Sociedad T y la Sociedad D o entre la Sociedad U y la Sociedad C.

Durante la elaboración de este ejemplo, se ha prestado especial atención a evitar aspectos relativos a la «tutela» que pudieran existir con respecto a la Sociedad A[45]. También se puede considerar que la Sociedad A, al ser una empresa matriz, obtiene un beneficio de las actividades de auditoría en los Países A, B y C, por ejemplo, porque dicha auditoría incluya una revisión adicional de los estados financieros con arreglo a las normas contables del país de la empresa matriz, en lugar de analizarlos únicamente conforme a las normas contables del país en el que se encuentran las filiales. En el Ejemplo 3, se presume la ausencia de cuestiones relativas a la tutela debido a la inclusión del Servicio 4, que consiste en una prestación de servicios de auditoría por la Sociedad B a la Sociedad A. Asimismo, se ignora toda cuestión relativa a la valorización a efectos de IVA y la posible identificación de operaciones existentes distintas de las que se muestran.

Ejemplo 4. Acuerdo global alterativo – Acuerdo marco

En este ejemplo, la empresa matriz del grupo que necesita servicios de auditoría celebra un acuerdo global, denominado «acuerdo marco», con la empresa matriz del grupo auditor (ambas radicadas en el mismo país), con el fin de prestar servicios de auditoría en una serie de países[46].

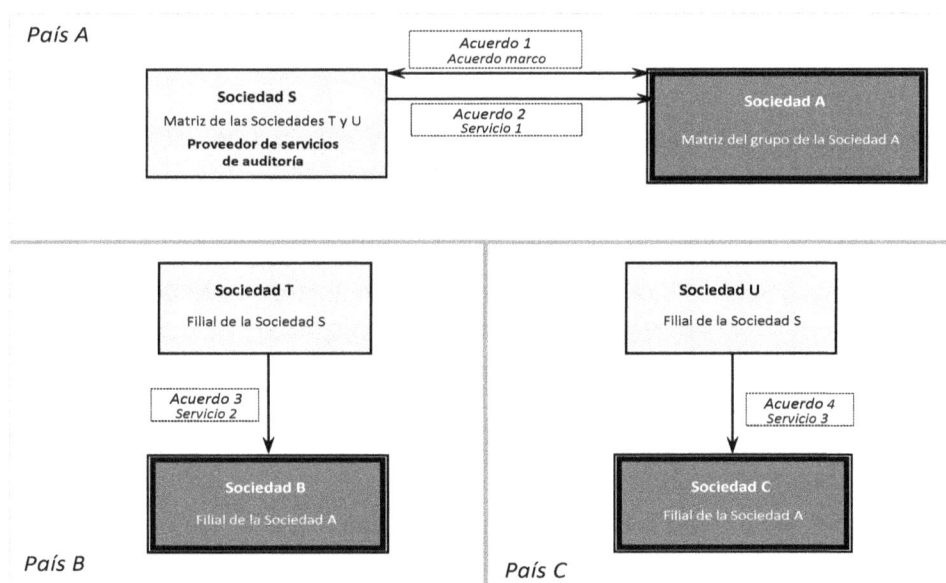

---

[45] Los gastos de tutela son generalmente costos en los que incurre la empresa matriz de un grupo por la prestación de servicios administrativos y de otro tipo a las sucursales y otras filiales en beneficio de la matriz (en calidad de accionista) y no en beneficio de la sucursal o filial de la que se trate. Puede ser la empresa matriz la que incurra directamente en dichos costos o puede hacerlo la sucursal y repercutírselos posteriormente a la matriz. Por lo general, se consideran gastos que debe asumir la empresa matriz porque deben tenerse por gastos de los accionistas o de actividades de tutela que benefician a los accionistas o al grupo en su conjunto, y no a una sucursal o filial en concreto.

[46] La expresión «acuerdo marco» se utiliza exclusivamente para distinguirlo del acuerdo comercial relativo a los servicios de auditoría prestados a la empresa matriz. Estas Directrices no pretenden definir en modo alguno qué podría constituir un «acuerdo marco».

Hechos del supuesto

La Sociedad A es la empresa matriz de un grupo multinacional, localizada en el País A y con filiales en todo el mundo, entre ellas la Sociedad B en el País B y la Sociedad C en el País C.

La Sociedad S es la empresa matriz de un grupo multinacional de empresas de auditoría, localizada en el País A y con filiales en todo el mundo, entre ellas la Sociedad T en el País B y la Sociedad U en el País C.

El Grupo de la Sociedad A precisa un servicio de auditoría global para cumplir las exigencias legales que se les imponen a sus sociedades en el País A y a sus filiales en los Países B y C. La Sociedad A celebra un acuerdo marco con la Sociedad S (Acuerdo 1). En el acuerdo marco se establecen definiciones, obligaciones en materia de confidencialidad, garantías, fechas de vencimiento de pago y limitaciones de responsabilidad, que solo serán de aplicación cuando los socios de la Sociedad S y la Sociedad A celebren acuerdos independientes en los que se haga referencia a dicho acuerdo marco. El acuerdo también establece que las sociedades vinculadas a la Sociedad A y las empresas de auditoría vinculadas a la Sociedad S pueden celebrar acuerdos comerciales que incorporen las condiciones del acuerdo marco mediante referencia. Sin embargo, el acuerdo no obliga a ningún miembro del Grupo de la Sociedad A ni del Grupo de la Sociedad S a suscribir ese tipo de acuerdos comerciales.

La Sociedad A celebra un acuerdo comercial con la Sociedad S en relación con la auditoría de la Sociedad A (Acuerdo 2); la Sociedad B celebra un acuerdo comercial con una Sociedad T en relación con la auditoría de la Sociedad B (Acuerdo 3); y la Sociedad C suscribe un acuerdo comercial con la Sociedad U con respecto a la auditoría de la Sociedad C (Acuerdo 4). En cada uno de estos tres acuerdos diferentes (a saber, los Acuerdos 2 a 4), se incluye una cláusula según la cual las partes aceptan incorporar las condiciones incluidas en el acuerdo marco (Acuerdo 1). El pago se realizará con arreglo a cada acuerdo comercial.

En este ejemplo, se presentan cuatro acuerdos diferentes y solo tres de ellos constituyen acuerdos comerciales que derivan en la prestación de servicios a título oneroso:

- El Acuerdo 1 no tiene por objeto ninguna transacción, carece de contraprestación y no comporta una prestación de servicios ni un suministro, sino que en él se estipulan los términos y condiciones que se activarán únicamente cuando las partes pacten la celebración de acuerdos comerciales individuales, de acuerdo con lo especificado en el acuerdo marco.
- En el Acuerdo 2, la Sociedad S interviene en calidad de proveedor y la Sociedad A interviene en calidad de cliente (Servicio 1).
- En el Acuerdo 3, la Sociedad T interviene en calidad de proveedor y la Sociedad B interviene en calidad de cliente (Servicio 2).
- En el Acuerdo 4, la Sociedad U interviene en calidad de proveedor y la Sociedad C interviene en calidad de cliente (Servicio 3).

El lugar de imposición de cada operación se decidirá en función de cada caso.

Lugar de imposición

De acuerdo con la regla general aplicable a las operaciones de empresa a empresa (Directriz 3.2), el lugar de imposición de la prestación del Servicio 1 entre la Sociedad S y la Sociedad A será el País A, puesto que la Sociedad A se encuentra en el País A. De acuerdo con la regla general aplicable a operaciones de empresa a empresa (Directriz 3.2), el lugar de imposición de la prestación del Servicio 2 entre la Sociedad T y la Sociedad U será el País B, puesto que la Sociedad B está en el País B. Asimismo, y una vez más, de acuerdo con la regla general para operaciones de empresa a empresa (Directriz 3.2), el lugar de imposición de la prestación del Servicio 3 entre la Sociedad U y la Sociedad C será el País C puesto que la Sociedad C está en el País C.

Las tres prestaciones de servicios están sujetas a las normas de tributación de la jurisdicción donde está situado el cliente, que es el indicador adecuado de la jurisdicción de uso empresarial en virtud de la regla general para operaciones de empresa a empresa (Directriz 3.2). No concurre doble imposición ni tampoco no imposición involuntaria en los Países A, B o C, y no hay motivo para apartarse de los acuerdos comerciales. El acuerdo marco (Acuerdo 1) que se menciona en este ejemplo, concretamente, no comporta ninguna prestación de servicios ni ningún suministro. Por consiguiente, dicho acuerdo no genera ninguna operación de suministro ni da lugar a ninguna cuestión sobre el lugar de imposición.

Ejemplo 5. Acuerdo global alternativo – Diferentes movimientos de pago

En este ejemplo, se amplía el ejemplo 4 con la introducción de flujos de pago que difieren de los flujos de servicios recogidos en el acuerdo comercial subyacente.

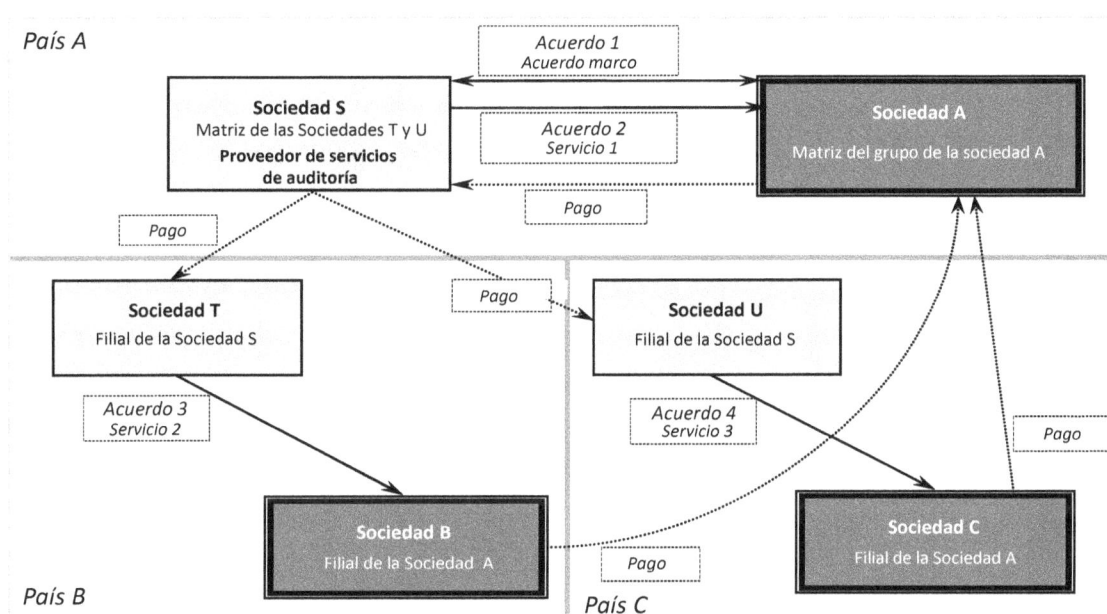

Hechos del supuesto

Este ejemplo es similar al Ejemplo 4 salvo por el hecho de que el grupo de la Sociedad A ha implantado un sistema para liquidar operaciones intracompañía entre las sociedades miembro del grupo. En consecuencia, el grupo de la Sociedad A decide reducir los costos vinculados a los desembolsos de efectivo designando a la Sociedad A como sociedad pagadora común del grupo[47]. El acuerdo marco de este ejemplo es similar al Ejemplo 4 salvo por el hecho de que especifica que los pagos de los servicios prestados en virtud de acuerdos comerciales que se celebren en el ámbito local serán gestionados por la Sociedad A directamente con la Sociedad S en nombre de todo el grupo de la Sociedad A.

Con respecto a los servicios de auditoría prestados en virtud de los tres acuerdos comerciales, la Sociedad S, la Sociedad T y la Sociedad U seguirán el proceso de facturación general y emitirán facturas respectivamente a la Sociedad A, la Sociedad B y la Sociedad C. A efectos de pago, sin embargo, la Sociedad S emitirá un estado de cuenta colectivo (adjuntando copias de las facturas expedidas por los

---

[47] Hay que reconocer que, en algunos casos, la función de la sociedad pagadora puede comportar prestaciones o suministros especiales entre la Sociedad A y sus sucursales. A los efectos de este ejemplo, no es así.

servicios prestados) a la Sociedad A. A partir del estado de cuenta colectivo, la Sociedad A pagará la cuantía solicitada a la Sociedad S y cobrará ese mismo día las cuantías correspondientes a la Sociedad B y la Sociedad C. Del mismo modo, la Sociedad S transferirá las cantidades respectivas a la Sociedad T y la Sociedad U el mismo día que reciba el pago de la Sociedad A.

Los movimientos de pago son sencillamente asientos en cuenta o en caja. El pago que realiza la Sociedad A a la Sociedad S representa una contraprestación por los servicios prestados por la Sociedad S a la Sociedad A, por la Sociedad T a la Sociedad B y por la Sociedad U a la Sociedad C.

Lugar de imposición

Siguen siendo válidas las conclusiones extraídas en el Ejemplo 4 sobre el lugar de imposición de las prestaciones realizadas en virtud de los acuerdos comerciales (Acuerdos 2, 3 y 4). El hecho de que los pagos se transfieran a través de la Sociedad A y la Sociedad S no influye en modo alguno en dichas conclusiones.

De acuerdo con la regla general para operaciones de empresa a empresa (Directriz 3.2), todas las operaciones en virtud de los acuerdos comerciales están sujetas a las normas de tributación de la jurisdicción donde está situado el cliente. No concurre doble imposición ni tampoco no imposición involuntaria en los Países A, B o C, y no hay motivo para apartarse de los acuerdos comerciales, siguiendo por ejemplo los movimientos de efectivo. Los flujos de efectivo entre la Sociedad A y sus sucursales, entre la Sociedad A y la Sociedad S, y entre la Sociedad S y sus sucursales son una contraprestación por los servicios prestados al amparo de los acuerdos comerciales pero no comportan, en sí mismos, otras prestaciones ni suministros, no modifican estas operaciones ni identifican al cliente ni la ubicación de este.

Anexo II del Capítulo 3

Ejemplos para esclarecer la aplicación del método de repercusión de acuerdo con la regla general sobre el lugar de imposición de los suministros de servicios e intangibles de empresa a empresa a entidades con establecimientos en más de una jurisdicción

Prestación de servicios de pago de remuneraciones

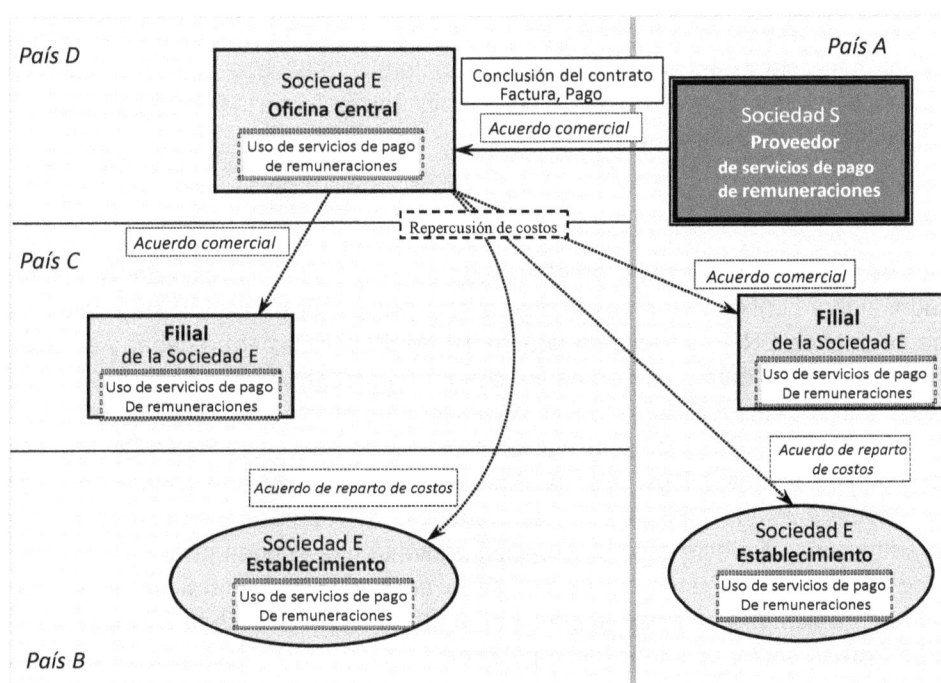

Hechos del supuesto

La Sociedad E es una entidad con establecimientos en múltiples jurisdicciones, radicada en tres países diferentes, ya que posee una oficina central en el País D («Oficina Central») y establecimientos comerciales («Establecimientos») en los Países A y B. Se trata de la empresa matriz de un grupo multinacional con filiales («Filiales») en los Países A y C. La Oficina Central y los Establecimientos de la Sociedad E, así como sus Filiales, están todos registrados en el régimen de IVA.

La Sociedad E, representada por su Oficina Central, celebra un acuerdo comercial con el Proveedor S, situado en el País A, para la prestación de servicios de gestión de remuneraciones. En este ejemplo, los servicios de gestión de remuneraciones[48] están relacionados con el personal de la Oficina Central de la Sociedad E y de sus Establecimientos en los Países A y B, y sus Filiales en los Países A y C.

En su Oficina Central, la Sociedad E posee acuerdos comerciales con sus Filiales y también acuerdos de reparto de costos con sus Establecimientos, en los que se establecen los términos y las condiciones de las transacciones que realizan entre sí.

El acuerdo comercial entre el Proveedor S y la Sociedad E establece una cuota fija mensual si el número de empleados se sitúa dentro de un determinado intervalo. Las cuotas correspondientes a los servicios prestados en virtud de este acuerdo comercial son abonadas al Proveedor S por la Oficina Central de la Sociedad E contra factura del Proveedor S.

La cuota acordada son 20.000. El Proveedor S emite una factura por este importe a la Oficina Central de la Sociedad E, la cual realiza el pago íntegro del importe.

Proveedor

El Proveedor S del País A ha celebrado un acuerdo comercial con la Sociedad E, que fue negociado y concluido en nombre de la Sociedad E por su Oficina Central en el País D, a la cual se remiten todas las facturas y que se hace cargo del pago. El acuerdo comercial establece cuáles son las pruebas que permiten al proveedor prestar el servicio libre de IVA y emitir una factura a la Oficina Central de la Sociedad E en el País D sin incluir dicho impuesto.

Grupo cliente[49]

Tras haber representado a la Sociedad E en el acuerdo comercial con el Proveedor S, la Oficina Central de la Sociedad E habrá configurado normalmente a este proveedor dentro de los «datos maestros del proveedor» de su sistema ERP[50] y habrá creado un centro de costos para recabar y agrupar los costos correspondientes. En este ejemplo, la Oficina Central ha representado a la Sociedad E en un acuerdo comercial relativo a la contratación de servicios, para uso tanto propio como por los Establecimientos de la Sociedad E en los Países A y B y por sus Filiales en los Países A y C. La Oficina Central de la Sociedad E planteará, por lo tanto, la metodología adecuada para imputar los costos de dichos servicios a la Oficina Central y sus Establecimientos y Filiales. En este ejemplo, la imputación se basará en el número de empleados (o «dotación»). En este caso, la dotación presenta una imagen justa y razonable del uso de los servicios de gestión de remuneraciones por parte de la Oficina Central de la Sociedad E y los Establecimientos y Filiales que emplean al personal al que se refieren dichos servicios. Por lo tanto, la dotación se considera un factor aceptable de imputación de costos en relación con dichos servicios.

---

[48] Los servicios de gestión de remuneraciones incluyen la ejecución de diferentes pasos, tales como recopilación de datos, introducción de datos maestros en los sistemas, seguimiento de cambios en la legislación, cálculo de impuestos, emisión de nóminas de sueldos, consignación de asientos contables, preparación de archivos para la realización de transferencias bancarias, emisión de informes resumen, etc.

[49] En este ejemplo, el término «grupo cliente» se refiere a la Sociedad E y los Establecimientos y Filiales que emplean al personal al que se refieren los servicios prestados por el Proveedor S.

[50] Los sistemas de planificación de recursos empresariales (*enterprise resource planning* o «ERP») integran información y flujos de gestión internos y externos de toda una organización, que abarcan funciones financieras y contables, fabricación, ventas y servicios, gestión de relaciones con los clientes, etc. Los sistemas ERP automatizan esta actividad mediante una aplicación de software integrada. Su propósito es facilitar el flujo de información entre todas las funciones empresariales dentro de una organización y gestionar las conexiones con interlocutores externos, como proveedores y clientes. Véase Bidgoli, Hossein, (2004). *The Internet Encyclopedia*, Volumen 1, John Wiley & Sons, Inc. p. 707.

Los términos y condiciones de las imputaciones de costos a los Establecimientos y las Filiales se plasmarán en los acuerdos comerciales entre la Sociedad E y sus Filiales, y en los acuerdos de reparto de costos entre la Oficina Central de la Sociedad E y sus Establecimientos.

Tras recibir la factura del Proveedor S, el equipo de cuentas por pagar de la Oficina Central de la Sociedad E creará un asiento para dicha factura en el centro de costos de las facturas que tienen que imputarse en razón de la dotación por los suministros posteriores.

A continuación, se asignará a dicho asiento el régimen fiscal de IVA que corresponda («codificación»). Normalmente este trámite se basará en un «árbol de decisión» teniendo en cuenta las diferentes hipótesis posibles en materia de IVA. La conclusión con respecto a la Oficina Central de la Sociedad E en este caso será que la factura recibida del Proveedor S no deberá incluir IVA y que la Oficina Central deberá satisfacer el IVA en el País D en virtud de un mecanismo de inversión del sujeto pasivo.[51] Una vez aprobada la factura, la Oficina Central tramitará su pago directamente al Proveedor S y la Oficina Central satisfará el IVA en el País D, en virtud de un mecanismo de inversión del sujeto pasivo. La Oficina Central de la Sociedad E en el País D deducirá el impuesto soportado relacionado, de acuerdo con el derecho de deducción que normalmente le corresponda.

A continuación, la Oficina Central de la Sociedad E repercutirá parte del costo de los servicios de gestión de remuneraciones a los Establecimientos y a las Filiales que emplean al personal al que se refieren dichos servicios. Esta acción suele formar parte del «cierre contable» periódico que se realizaría, por ejemplo, al final de cada mes, trimestre, semestre o ejercicio contable. En muchos casos, esta operación se llevará a cabo de acuerdo con una «tabla de factores de imputación» mantenida en el programa informático de contabilidad, que señalará el porcentaje que se usará con respecto a cada cuenta o rango de cuentas a fin de imputar las cuantías previamente identificadas para su repercusión. Esta rutina de cierre calculará el importe por Establecimiento y Filial, aportará la documentación que proceda y consignará los asientos contables correspondientes.

En este ejemplo, el factor de imputación se basa en la dotación. La Oficina Central de la Sociedad E identificará el número de empleados en nómina de cada uno de los Establecimientos y las Filiales correspondientes, normalmente basándose en datos presupuestarios. En este ejemplo, los datos presupuestarios indican que la Oficina Central tiene 100 empleados, los Establecimientos de los Países A y B, 10 y 30 empleados respectivamente, y sus Filiales en los Países A y C, 20 y 40 empleados respectivamente.

La tabla con los factores de imputación atribuirá el 50% a la Oficina Central en el País D, un 5% al Establecimiento del País A, un 15% al Establecimiento del País B, un 10 % a la Filial del País A y un 20% a la Filial del País C. El sistema contable de la Oficina Central de la Sociedad E presentará dos facturas por el suministro posterior a sus Filiales, una por un importe de 2.000 a la Filial en el País A y otra por un importe de 4.000 a la Filial del País C[52]. De acuerdo con la regla general para operaciones de empresa a empresa (Directriz 3.2), estas facturas se emitirán sin IVA, puesto que estas Sucursales son entidades con establecimiento en una única jurisdicción radicadas fuera del País D, donde se encuentra la Oficina Central de la Sociedad E. El sistema contable generará además dos documentos internos equivalentes a facturas por la imputación de 1.000 a su Establecimiento en el País A y de 3.000 a su Establecimiento en el País B. De acuerdo con el método de recarga, se dará a dichos documentos el mismo tratamiento que si se tratase de facturas a nombre de una persona jurídica diferente y se emitirán sin IVA, puesto que

---

[51] A los efectos de este ejemplo, se presume que todos los países aplican un mecanismo de «inversión del sujeto pasivo» que traslada la obligación de liquidar el impuesto del proveedor al cliente. No obstante, algunos países no exigen que el cliente satisfaga el impuesto de acuerdo con dicho mecanismo cuando tiene derecho a deducir íntegramente el impuesto soportado.

[52] Véase el apartado B.4 del Capítulo 3.

ambos Establecimientos se encuentran radicados en el País D, donde está la Oficina Central de la Sociedad E.

Cuando hayan recibido las facturas, las Filiales de los Países A y C satisfarán el IVA mediante el sistema de inversión del sujeto pasivo. Los Establecimientos de los Países A y B declararán el IVA de acuerdo con el mecanismo de inversión del sujeto pasivo tras recibir los documentos relativos a los costos que les haya imputado su Oficina Central.

Este proceso se repetirá a lo largo del ejercicio contable. En algunos casos, puede ocurrir que los factores de imputación no se modifiquen durante el ejercicio contable, aunque el número de empleados de cada entidad fluctúe a lo largo de ese período. En tales circunstancias, las empresas realizarán, al cierre del ejercicio, un cálculo de «conciliación» de dichas partidas. Así, se replanteará la imputación de costos tomando como base un recuento más preciso de la dotación, teniendo en cuenta las fluctuaciones registradas a lo largo del ejercicio contable. Posteriormente se generarán documentos o facturas o notas de abono rectificativas por la diferencia entre el importe realmente repercutido y el importe calculado de acuerdo con el recuento real de la plantilla. Estas nuevas facturas o notas de crédito se tratarán de acuerdo con un régimen de IVA similar al de los documentos o las facturas subyacentes.

Administraciones tributarias

El proveedor del País A debe conservar toda la información relevante que conforme el acuerdo comercial, a fin de demostrar que ha prestado correctamente el servicio exento de IVA a la Oficina Central de la Sociedad E.

La administración tributaria del País D debe ser capaz de comprobar que la Oficina Central de la Sociedad E declare correctamente, a través de la aplicación del método de inversión del sujeto pasivo, la factura recibida del Proveedor S. Además, debe ser capaz de asegurar el uso de un régimen fiscal correcto para los costos repercutidos por la Oficina Central de la Sociedad E a sus Establecimientos y Filiales. La Oficina Central de la Sociedad E debe conservar toda la información relevante que conforme el acuerdo comercial con el Proveedor S. También debe mantener los acuerdos comerciales con sus Filiales y los acuerdos de reparto de costos con sus Establecimientos para justificar el sistema de imputación de costos utilizado.

Las administraciones tributarias del País A, B y C deben ser capaces de garantizar que las Filiales y los Establecimientos de la Sociedad E declaren correctamente la aplicación del método de inversión del sujeto pasivo a los costos repercutidos por la Oficina Central. Las Sucursales deben poseer toda la información relevante que conforme sus acuerdos comerciales con la Sociedad E a través de su Oficina Central y los Establecimientos deben mantener toda la información relevante que conforme sus acuerdos de reparto de costos con la Oficina Central. En particular, las administraciones tributarias de los Países A y B deben ser capaces de acreditar que los Establecimientos han satisfecho el impuesto en el momento de tributación correcto, conforme a las normas internas habituales (por ejemplo, la fecha de los documentos internos de repercusión de costos, la fecha en la que se paga la contraprestación a la Oficina Central).

Para inspeccionar las operaciones de repercusión de costos, las administraciones tributarias tendrán que analizar toda la documentación comercial hasta el nivel de operaciones individuales, a fin de identificar la naturaleza del servicio concreto, cuyo costo se ha repercutido y determinar así el lugar de imposición y la tasa impositiva aplicable.

Capítulo 4
Asistencia para la aplicación de las directrices en la práctica cooperación mutua, reducción de las controversias al mínimo, y aplicación en casos de evasión y elusión

A. Introducción

4.1   El objetivo de las Directrices es facilitar una guía a las jurisdicciones para elaborar una legislación práctica que facilite una interacción sin problemas entre los sistemas nacionales de IVA aplicados a operaciones de comercio internacional, en aras de reducir al máximo las posibilidades de doble imposición y de no imposición involuntaria, y de brindar mayor certeza a empresas y autoridades tributarias. Dicho objetivo debería alcanzarse principalmente siguiendo los principios acordados internacionalmente sobre neutralidad del IVA que figuran en el Capítulo 2 y mediante la aplicación de los principios para la determinación del lugar de imposición de los suministros transfronterizos que figuran en el Capítulo 3.

4.2   En un mundo ideal, resultaría sencillo alcanzar dicho objetivo, aplicando de manera consistente los principios sobre neutralidad del IVA que figuran en el Capítulo 2, y sobre adjudicación de los derechos de imposición del IVA en operaciones de empresa a empresa y en operaciones de empresa a consumidor que figuran en el Capítulo 3 en la mayor medida posible. Además, se contemplarían una serie de mecanismos de alivio adecuados para empresas que incurriesen en pagos de IVA en jurisdicciones en las que no estén establecidas. Asimismo, las partes que interviniesen en transacciones transfronterizas actuarían todas de buena fe y todas las operaciones serían legítimas y tendrían fundamento económico.

4.3   No obstante, en la práctica, la forma de aplicar e interpretar los principios sobre neutralidad o lugar de imposición de las Directrices por las jurisdicciones puede diferir (por ejemplo, al determinar la condición y ubicación del cliente). También pueden darse discrepancias en la forma en que tratan las jurisdicciones hechos específicos de operaciones transfronterizas concretas (por ejemplo, diferencias en la calificación de los suministros) y en la interpretación de las normas internas por las partes que intervienen en una operación transfronteriza. Cuando surgen este tipo de discrepancias, puede producirse doble imposición o no imposición involuntaria y, en algunos casos, pueden surgir controversias.

4.4   Habida cuenta de que, en la práctica, las Directrices sobre neutralidad y lugar de imposición no erradicarán totalmente el riesgo de doble imposición o de no imposición involuntaria al aplicar el IVA a suministros transfronterizos de servicios e intangibles, ni tampoco las controversias que pueden comportar una interpretación incoherente de las Directrices, resulta adecuado identificar otros mecanismos disponibles para facilitar la aplicación consistente de los principios de las Directrices en la legislación nacional, así como su interpretación consistente por las administraciones tributarias, a fin de reducir al mínimo tanto el riesgo de doble imposición o de no imposición involuntaria como las posibilidades de que surjan controversias.

4.5   Además de las dificultades prácticas que pueden encontrarse al aplicar o interpretar las Directrices cuando todas las partes actúan de buena fe y todas las operaciones son legítimas y poseen un fundamento económico, algunas operaciones transfronterizas pueden revelar un empeño por evadir o eludir impuestos, aun cuando la legislación nacional alcance el objetivo de las Directrices con respecto a las partes intervinientes en operaciones transfronterizas legítimas y con fundamento económico. En tales casos, cabe reconocer que no resulta incompatible con las Directrices que las jurisdicciones adopten medidas correctivas proporcionadas para protegerse contra la evasión y la elusión, la pérdida de ingresos y la distorsión de la competencia.

4.6   Es importante destacar que este Capítulo tiene específicamente por objeto complementar las Directrices que figuran en los Capítulos 2 y 3. Por lo tanto, aborda problemas en materia de neutralidad, lugar de imposición y otras cuestiones que promueven una interpretación consistente de las presentes Directrices en la práctica, así como problemas de evasión y elusión. Sin embargo, este Capítulo no se ocupa de cuestiones que quedan fuera del ámbito de aplicación de las Directrices de los Capítulos 2 y 3, tales como si una jurisdicción concreta debe otorgar un régimen preferencial para algún tipo de suministro concreto (por ejemplo, exenciones o tipos reducidos) o si una jurisdicción determinada tiene derecho a restringir la deducibilidad de un determinado IVA soportado. Tampoco se abordan problemáticas de carácter puramente interno que no comportan ningún aspecto transfronterizo. En resumen, este Capítulo se centra esencialmente en mecanismos para evitar la doble imposición y la no imposición involuntaria, a fin de facilitar que se reduzcan al mínimo las controversias sobre una posible doble imposición o no imposición involuntaria, y hacer frente a la evasión y elusión.

4.7   El objeto de este Capítulo no es interferir en la soberanía de las jurisdicciones. Al igual que en otros ámbitos de la administración tributaria, se alienta también a las jurisdicciones a aplicar los *Principios Administrativos Generales* aprobados en 2001 por el Foro sobre Administración Tributaria de la OCDE[53] (*GAP001 Principles of Good Tax Administration – Nota Práctica)*, que se reproducen en el Recuadro 2.1. del Capítulo 2.

B. Cooperación mutua, intercambio de información y otros mecanismos que permiten la comunicación y la colaboración entre administraciones tributarias

B.1. Antecedentes

4.8   Los mecanismos de cooperación mutua, intercambio de información y otras formas de comunicación entre administraciones tributarias pueden constituir instrumentos útiles para facilitar una interpretación consistente de las Directrices sobre neutralidad y lugar de imposición, reducir al mínimo las controversias y abordar problemas de evasión y elusión surgidos en el marco de las Directrices.

4.9   Puesto que las Directrices no tienen un carácter legalmente vinculante (*soft law*), los planteamientos para conseguir una interpretación consistente de las mismas en la legislación nacional no pueden incluir ningún mecanismo que dependa de la existencia de un compromiso legal de obligado cumplimiento (*hard law*) entre los países (por ejemplo, un tratado bilateral en materia impositiva). Por ese motivo, los sistemas oficiales de resolución de controversias no pueden erigirse en mecanismos para alcanzar una interpretación consistente de las Directrices.

4.10   No obstante, se invita a las jurisdicciones a utilizar los instrumentos de cooperación mutua, intercambio de información y asistencia mutua existentes, que ofrecen a las administraciones tributarias un medio para comunicarse y colaborar, con la finalidad de facilitar una interpretación coherente, en virtud de la legislación o prácticas nacionales, de las Directrices sobre neutralidad y lugar de imposición, para reducir al mínimo las controversias surgidas dentro del ámbito de aplicación de dichas Directrices, y abordar problemas de evasión y elusión en el marco de estas.

4.11   También se exhorta a las jurisdicciones a analizar diferentes enfoques, aparte de los mecanismos existentes que se identifican a continuación, para lograr en la práctica una interpretación consistente de las Directrices sobre neutralidad y lugar de imposición. Estos enfoques pueden incluir la elaboración de otra guía, bajo los auspicios del Comité de Asuntos Fiscales (CAF) de la OCDE y sus órganos subsidiarios, a modo de «mejores prácticas» o planteamientos recomendados para aplicar las Directrices, como medio para velar por que se interpreten de manera consistente.

B.2. Mecanismos existentes de cooperación mutua

4.12   En los siguientes párrafos se describen los principales mecanismos con los que cuenta la OCDE en materia de cooperación mutua, intercambio de información y otras formas de asistencia mutua que pueden ayudar a las administraciones tributarias a interpretar y aplicar los principios de las Directrices de manera coherente y minimizar así las posibilidades de que se produzca doble imposición o no imposición involuntaria, así como de que surjan posibles controversias debido a una falta de consistencia en la interpretación de las normas. También se abordan cuestiones de evasión y elusión en el marco de las

---

[53]   http://www.oecd.org/dataoecd/34/39/1907918.pdf.

Directrices. Además, se invita a las jurisdicciones a utilizar otros instrumentos bilaterales, regionales y multilaterales que pudieran existir para lograr una interpretación consistente de las Directrices sobre neutralidad y lugar de imposición, y para resolver problemas de evasión y elusión surgidos en el marco de las Directrices.

B.2.1. Cooperación multilateral

4.13   La *Convención Multilateral sobre Asistencia Administrativa Mutua en Materia Fiscal* (la Convención), elaborada conjuntamente por la OCDE y el Consejo de Europa de 1988 y modificada mediante Protocolo en 2010, contempla todas las formas posibles de cooperación administrativa entre las Partes para determinar y recaudar impuestos, en particular con miras a combatir la evasión y la elusión fiscal. La Convención ha estado a disposición de todos los países desde 2011 y sus obligaciones están sujetas a las reservas de las Partes. El ámbito de aplicación de la Convención pretende ser muy amplio, abarcando todos los tributos, incluso impuestos generales al consumo como el IVA.

B.2.2. Cooperación bilateral

4.14   El *Modelo de Convenio Tributario* (MCT) de la OCDE, si bien no tiene carácter vinculante, aborda en su artículo 26 el intercambio de información. Esta disposición se aplica a «información previsiblemente pertinente para aplicar lo dispuesto en este Convenio o para administrar o hacer cumplir lo dispuesto por el derecho interno respecto de los impuestos de cualquier naturaleza o denominación exigibles por los Estados contratantes». Su aplicación no se limita a los impuestos sobre los que trata el Convenio, por lo que esta disposición se aplica también al intercambio de información en materia de IVA.

4.15   En el caso de los países que han adoptado un tratado tributario bilateral basado en el CMT y un artículo en materia de intercambio de información basado en el artículo 26, el mecanismo parece ofrecer a las Partes una prometedora plataforma de intercambio de información, tanto en casos particulares como en clases de situaciones más generales surgidas en el marco de aplicación del IVA, incluyendo situaciones que generen problemas relacionados con las Directrices. Por lo tanto, un acuerdo bilateral constituye un posible mecanismo para aumentar la cooperación y solucionar problemas comunes que surjan en virtud de las Directrices, en aras de reducir al máximo los riesgos de doble imposición y no imposición involuntaria.

4.16   La OCDE también ha elaborado un *Modelo de Acuerdo sobre Intercambio de Información Tributaria* para promover la cooperación internacional en asuntos de índole fiscal a través del intercambio de información. Este Acuerdo no es un instrumento vinculante, pero incluye dos modelos de *Acuerdo sobre Intercambio de Información en materia Tributaria (AIIT)*, una versión multilateral y otra bilateral. Un número considerable de acuerdos bilaterales han tomado como base dicho Acuerdo. Estos AIIT prevén un intercambio de información previo requerimiento y también inspecciones fiscales en el extranjero, principalmente en materia de impuestos directos, pero también en relación con otros tributos como el IVA. Además, los AIIT prevén formas de intercambio distintas al intercambio previo requerimiento.

C. Servicios a los contribuyentes

4.17   Además de promover una interpretación consistente de las Directrices por medio de la cooperación mutua, las administraciones tributarias pueden contribuir a tal cometido por medio de servicios a los contribuyentes que se ajusten a las Directrices, cuando la prestación de tales servicios no sea incompatible con la práctica o la legislación nacional.

4.18   Dichos servicios a los contribuyentes pueden incluir, entre otros, los siguientes:

- la puesta a disposición de instrucciones fáciles de entender y a las que resulte sencillo acceder sobre las normas internas en materia de IVA que entran dentro del ámbito de aplicación de las Directrices;

- la creación de puntos de comunicación con las autoridades tributarias, en los que empresas y consumidores puedan plantear dudas sobre las normas internas en materia de IVA que entran dentro del ámbito de aplicación de las Directrices y recibir respuestas oportunamente;

- la creación de puntos de comunicación con las autoridades tributarias en los que las empresas puedan identificar aparentes diferencias de interpretación y aplicación de los principios de las Directrices. Esta información puede contribuir notablemente al desarrollo de pautas adicionales sobre «mejores prácticas» o métodos recomendados bajo los auspicios del CAF y sus órganos subsidiarios, tal como se expone en el anterior párrafo 4.11.

4.19   Estas iniciativas pueden reducir las posibles divergencias de interpretación de las Directrices, aumentar la uniformidad de los trámites administrativos y reducir la probabilidad de que surjan controversias. Por lo tanto, se recomienda a las jurisdicciones prestar a los contribuyentes servicios destinados a facilitar una interpretación coherente de las Directrices sobre neutralidad y lugar de tributación, cuando la prestación de tales servicios no sea incompatible con la práctica o la legislación nacional.

4.20   Las jurisdicciones cuentan con diferentes procedimientos de administración tributaria para interpretar las normas internas, e incluso, en algunas de ellas, procedimientos internos de resolución anticipada. Se recomienda a las jurisdicciones tener en cuenta las Directrices al interpretar las normas internas usando este tipo de procedimientos ya existentes, incluso los de resolución anticipada cuando se encuentren disponibles.

4.21   En relación con el desarrollo de iniciativas de prestación de servicios a contribuyentes orientados al cumplimiento de las Directrices, las autoridades tributarias podrían remitirse al Foro sobre Administración Tributaria (FAT) de la OCDE. Creado por el CAF en 2002, el FAT es un foro para la cooperación y el desarrollo de ideas y enfoques nuevos, que incluyen aspectos sobre la prestación de servicios, con el objetivo de mejorar la administración tributaria en todo el mundo. El programa de trabajo del FAT está respaldado por varios subgrupos y redes de especialistas, y elabora una serie de materiales en los que se ponen de manifiesto avances y tendencias en materia de administración tributaria, además de ofrecer instrucciones prácticas a las autoridades tributarias sobre cuestiones relevantes para la gestión de los regímenes fiscales.

D. Aplicación de las Directrices en casos de evasión y elusión

4.22   Las Directrices sobre neutralidad y lugar de imposición, así como los comentarios relacionados, se aplican cuando las partes que intervienen en la operación actúan de buena fe, el suministro es legítimo y tiene un fundamento económico.

4.23   Cuando el cometido de las jurisdicciones es prevenir o dar respuesta a prácticas de evasión o elusión, no resulta incompatible con las Directrices que aquellas adopten medidas de protección proporcionadas contra este tipo de prácticas, la pérdida de ingresos y la distorsión de la competencia.

4.24   Este apartado se ocupa de la evasión y la elusión exclusivamente en el contexto de las presentes Directrices y no pretende facilitar instrucciones de carácter más general sobre los conceptos de evasión o elusión, ni sobre políticas generales para que las jurisdicciones combatan dichas prácticas.

D.1. Significado de evasión y elusión

4.25   La OCDE no dispone de definiciones comunes de los términos «evasión» y «elusión». No obstante, estos conceptos se incluyen en el Glosario de Terminología Fiscal de la OCDE[54], con la siguiente definición:

Evasión: Un término que resulta difícil de definir pero que generalmente se utiliza para designar conductas ilícitas con las cuales se oculta u omite el cumplimiento de una obligación fiscal, es decir, el obligado tributario paga menos impuestos de los que le corresponderían legalmente, ocultando ingresos o información a las autoridades tributarias.

Elusión: Un término utilizado para describir la organización de los asuntos económicos de un contribuyente con ánimo de reducir sus obligaciones tributarias. Aunque esta práctica podría resultar lícita en sentido estricto, suele contravenir el objetivo que persigue la ley.

4.26   En las presentes Directrices, las definiciones anteriores se emplean únicamente con fines aclaratorios y es posible que no se correspondan con su tipificación concreta en contextos nacionales o fuera de la aplicación de normas basadas en la interpretación de las Directrices.

D.2. Aclaración de los conceptos de evasión y elusión en relación con el IVA

4.27   La evasión puede consistir, entre otras cosas, en la falsificación o eliminación de pruebas, o en la realización de declaraciones falsas, con el objetivo de no pagar el IVA o de que obtener de las administraciones devoluciones del impuesto que no correspondan.

4.28   La elusión puede consistir, entre otras cosas, en situaciones que generen un beneficio en materia de IVA contrario al objeto de una ley compatible con las Directrices. Entre los indicios de elusión en materia de IVA que pueden observarse están las operaciones celebradas con el objetivo exclusivo o principal de eludir el pago del impuesto u obtener algún beneficio en relación con él, y que sean artificiales, artificiosas o carezcan de fundamento económico. No obstante, las ventajas fiscales previstas en la ley no serán constitutivas de elusión, salvo que se empleen para obtener un resultado no pretendido por la ley.

---

[54] http://www.oecd.org/ctp/glossaryoftaxterms.htm.

Apéndice. Recomendación del Consejo sobre la Aplicación del Impuesto sobre el Valor Agregado al comercio internacional de servicios e intangibles Aprobada el 27 de septiembre de 2016 [C(2016)120]

EL CONSEJO,

Visto el artículo 5 b) de la Convención sobre la Organización de Cooperación y Desarrollo Económicos del 14 de diciembre de 1960;

Considerando que países de todo el mundo aplican regímenes del Impuesto sobre el Valor Agregado (IVA) y que el comercio internacional de bienes y servicios también ha experimentado un rápido crecimiento en una economía cada vez más globalizada;

CONSIDERANDO que la mayor parte del comercio mundial está sujeto a IVA y la interacción entre los regímenes de dichos tributos puede facilitar o distorsionar considerablemente este tipo de operaciones comerciales;

CONSIDERANDO que la falta de coordinación internacional en materia de IVA genera incerteza y riesgos de doble imposición y no imposición involuntaria, socava el crecimiento económico y la actividad empresarial y distorsiona la competencia;

CONSIDERANDO que son necesarios principios internacionalmente aceptados sobre la aplicación del IVA al comercio internacional para reducir al máximo la incerteza y los riesgos de doble imposición y de no imposición involuntaria que generan las incoherencias en la aplicación del IVA en contextos transfronterizos;

Teniendo en cuenta las Directrices Internacionales sobre IVA (en lo sucesivo «las Directrices») aprobadas por el Comité de Asuntos Fiscales el 7 de julio de 2015 [CTPA/CFA(2015)57] y respaldadas por los altos responsables de 104 jurisdicciones y organizaciones internacionales en la tercera reunión del Foro Global sobre IVA de la OCDE, celebrada los días 5 y 6 de noviembre de 2015, que presentan principios comunes para aplicar un régimen de IVA uniforme a los tipos más habituales de operaciones internacionales, centrándose en el comercio de servicios e intangibles;

Observando que estas Directrices se basan en principios generalmente aceptados relativos a la neutralidad del IVA y el principio de destino para determinar el lugar de imposición;

Teniendo en cuenta el Informe Final sobre la Acción 1 de 2015 «Cómo abordar los desafíos fiscales de la Economía Digital» del Proyecto sobre la Erosión de la Base Imponible y el Traslado de los Beneficios (BEPS) de la OCDE/G20, que formó parte del paquete BEPS respaldado por el Consejo el 1 de octubre de 2015 [C(2015)125/ADD1] y por los Líderes del G20 los días 15 y 16 de noviembre de 2015 y que incluye los principios y mecanismos de recaudación recomendados por las Directrices para dar respuesta a riesgos en materia de BEPS y desafíos de carácter más general en relación con impuestos indirectos provocados por la economía digital;

Acogiendo con beneplácito el proceso consultivo abierto e inclusivo para la elaboración de las Directrices, con la participación de una amplia variedad de partes interesadas;

Considerando que las Directrices han adquirido reconocimiento mundial como instrumento de referencia importante para diseñar y aplicar legislación en materia de IVA, en aras de reducir al mínimo las posibilidades de doble imposición y no imposición involuntaria;

Conscientes de que las Directrices no pretenden establecer requisitos pormenorizados en relación con la legislación nacional sino facilitar orientaciones a las jurisdicciones para la elaboración de leyes, con el objetivo de promover una aplicación coherente al comercio internacional de los regímenes nacionales en materia de IVA, teniendo en cuenta sus concretas circunstancias y prácticas económicas, jurídicas, institucionales, culturales y sociales;

A propuesta del Comité de Asuntos Fiscales:

I.   ACUERDA que se utilicen las siguientes definiciones a los efectos de la presente Recomendación:

- **Impuesto sobre el valor agregado (IVA)** se refiere a todo impuesto nacional, sea cual sea su denominación o sigla, como por ejemplo Impuesto a los Bienes y Servicios (en inglés, *Goods and Services Tax* o GST), que presenta las características básicas de un impuesto sobre el valor agregado, es decir un impuesto general sobre el consumo final recaudado a través de las empresas, aunque *a priori* no soportado por estas, mediante un procedimiento recaudatorio plurifásico, independientemente del método que se utilice para determinar la obligación fiscal (por ejemplo, el método de deducción financiera o el de sustracción).

- **Suministros de intangibles** se refiere a categorías de suministros diferentes de los suministros de bienes o las prestaciones de servicios, tales como derechos de propiedad intelectual y otros intangibles.

- **Principios de neutralidad del IVA** se refiere a los principios básicos en los que se sustenta la neutralidad del IVA en el caso de las empresas, consecuencia necesaria de la definición básica del IVA como impuesto al consumo final recaudado, aunque *a priori* no soportado, por las empresas. El concepto de neutralidad fiscal del IVA presenta una serie de dimensiones, como son la ausencia de discriminación y la eliminación de cargas fiscales indebidas y costos desproporcionados o inapropiados para las empresas.

- **Principio de destino** designa el principio por el cual, a los efectos de los impuestos al consumo, los servicios e intangibles comercializados internacionalmente deben gravarse de acuerdo con las normas de la jurisdicción de consumo.

II.   RECOMIENDA que tanto los Miembros como los no Miembros que se adhieran a la presente Recomendación (en lo sucesivo, los «Adherentes») tengan debidamente en cuenta las Directrices, que figuran en el Apéndice de la presente Recomendación y constituyen una parte inseparable de la misma, al formular y aplicar legislación, en aras de reducir al máximo las posibilidades de doble imposición y de no imposición involuntaria en la aplicación del IVA al comercio internacional de servicios e intangibles. A tal efecto, en particular los Adherentes deben:

1. seguir tomando medidas para aplicar los principios de neutralidad del IVA y las normas para determinar el lugar de imposición de los suministros transfronterizos de acuerdo con el principio de destino expuesto en las Directrices cuando elaboren leyes en materia de IVA;

2. utilizar las Directrices como instrumento de referencia al aplicar los principios de neutralidad del IVA y el principio de destino en la práctica, en aras de facilitar una aplicación coherente de la legislación nacional sobre este impuesto al comercio internacional.

III.   Invita a los Adherentes y al Secretario General a difundir esta Recomendación con carácter general y utilizarla como instrumento para el intercambio de conocimientos y experiencia, programas de cooperación regional, además de diálogos y debates multilaterales sobre políticas relacionadas con el IVA;

IV.   Invita a los no Adherentes a tener debidamente en cuenta esta Recomendación y adherirse a la misma;

V.   Invita a los Adherentes a respaldar los trabajos encaminados a crear capacidad y prestar asistencia, en especial a los países en desarrollo, de manera que puedan participar y disfrutar de los beneficios que ofrecen estas Directrices;

VI.   Instruye al Comité de Asuntos Fiscales, a través del Grupo de trabajo N.º 9 sobre Impuestos al Consumo, para que:

1. haga un seguimiento de la aplicación de esta Recomendación e informe al Consejo en un plazo máximo de cinco años desde su adopción y, a partir de entonces, cuando proceda;

2. revise y proponga al Consejo enmiendas a las Directrices, cuando proceda, teniendo en cuenta la experiencia adquirida por los Adherentes y tras celebrar consultas con las partes interesadas correspondientes;

3. vele por la mejora de la claridad y la certeza en la aplicación de las Directrices y tenga en cuenta los trabajos en ámbitos relacionados surgidos en el transcurso de la elaboración de las Directrices.

www.ingramcontent.com/pod-product-compliance
Lightning Source LLC
Chambersburg PA
CBHW082108210326
41599CB00033B/6632